その時歴史が動いた 1

NHK取材班・編

KTC中央出版

運命の一瞬、東郷ターン／日本海海戦の真実

東郷ターン（敵前大回頭）はこうして完成した

（財）三笠保存会提供

1 **海軍大学校**（校長:東郷平八郎）で日露戦争の5年前に円戦法を改良して丁字戦法が生み出された。

2

円戦法（教官:山屋他人の考案）

敵艦隊のまわりを回りながら、始めに先頭の敵艦に攻撃を集中して次々倒していく戦法。

【欠点】お互いの艦隊が進むにつれ、すれ違いが、起こり敵艦隊を逃がしてしまう。

円戦法(a)

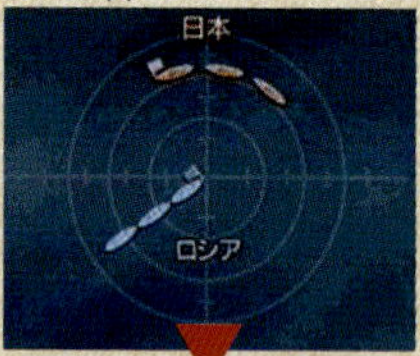

円戦法(b)

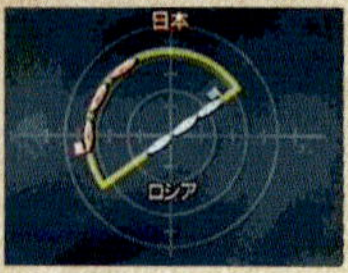

円戦法(c)

3

丁字戦法

（教官:秋山真之が円戦法を改良）

敵の進行の先頭に横一列になるようにターン、敵の進路を遮る。敵を逃げられないようにしてすべての砲門を敵の先頭に集中させる。敵艦を一隻ずつ沈めていって全滅させる方法。

【欠点】ターンするときに相手の距離が遠いと逃げられてしまう。また、ターンの最中に集中砲火を浴びやすい。

丁字戦法(a))

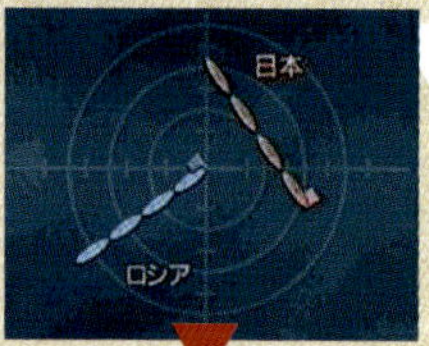

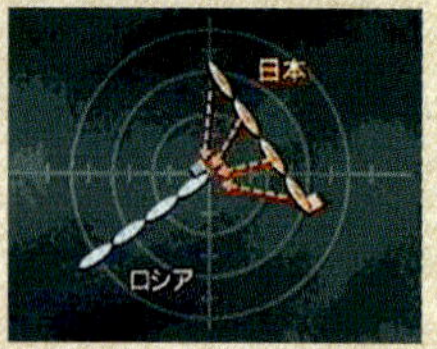

丁字戦法(b)

4

黄海海戦

（明治37年8月10日）で連合艦隊は旅順のロシア艦隊と対決、丁字戦法を実行して失敗。

【原因】丁字戦法でのターンをするのが早すぎ、敵艦隊が逃げてしまった。

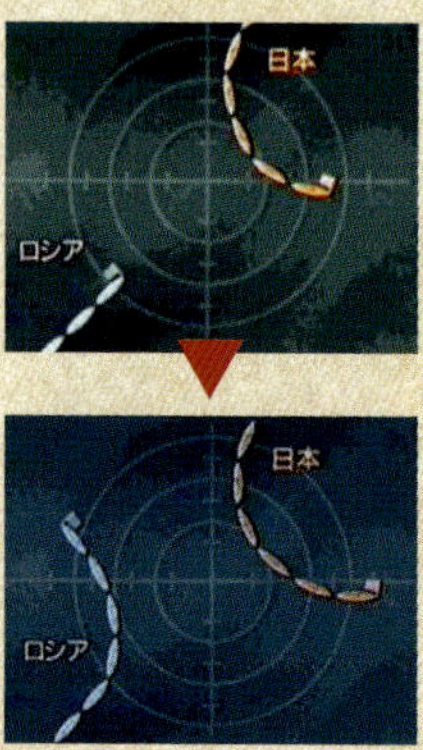

連合艦隊砲撃訓練/(株)文殊社提供

5

東郷は丁字戦法の完成度や砲撃の命中率を高めるための猛訓練を行う。

東郷ターン(a)

東郷ターン(b)

6

バルチック艦隊と対決（明治38年5月27日）、東郷ターンの瞬間。

東郷ターン開始／CG制作・(株)バスプラスワン

東郷ターン／CG制作・(株)バスプラスワン

連合艦隊／CG制作・(株)バスプラスワン

VS

バルチック艦隊／CG制作・(株)バスプラスワン

世紀の対決、沢村対ベーブ・ルース／日本プロ野球誕生の時

沢村栄治の91球に向かった大リーガー全打席【全日本VS大リーグ選抜】

草薙球場

昭和9年（1934）11月20日午後2時～3時30分

静岡・草薙球場

日米野球の広告ポスター/（財）野球体育博物館蔵

1回裏

・マクネアー（遊）／レフトフライ
・ゲリンジャー（二）／三振
・ルース（一）／三振

2回裏

・ゲーリッグ（左）／三振
・フオックス（三）／三振
・エヴィレル（中）／セカンドゴロ

ベーブ・ルース来日を歓迎する市民

ベーブ・ルース/(株) ベースボール・マガジン社提供

3回裏

・ミラー(右)/ライトフライ
・ヘーズ(捕)/三振
・ホワイトヒル(投)/三振

4回裏

・マクネアー/ショートゴロ
・ゲリンジャー/セカンドゴロ
・ルース/センター前安打
・ゲーリッグ/セカンドゴロ

沢村栄治/(株)ベースボール・マガジン社提供

5回裏

・フォックス/三振
・エヴィレル/センターフライ
・ミラー/レフトフライ

6回裏

・ヘーズ
/ピッチャーゴロ
・ホワイトヒル
/フォアボール
・マクネアー
/レフト前安打
・ゲリンジャー
/レフトフライ
・ホワイトヒル
/サード盗塁失敗

ジミー・フォックス/(株)ベースボール・マガジン社提供

ルー・ゲーリッグ/(株)ベースボール・マガジン社提供

7回裏

・ルース/ピッチャーゴロ
・ゲーリッグ/ホームラン
（ライトスタンド/第1球ーストライク、第2球ー本塁打）
・フォックス/センター前安打
・エヴィレル/一、二塁間安打
・ミラー/ショートゴロ、併殺

全日本の行進

8回裏

・ヘーズ/三振
・ホワイトヒル/三振
・マクネアー/ショートゴロ失策
・ゲリンジャー/センターフライ

当日のスコア

全日本	0	0	0	0	0	0	0	0	0	0
大リーグ選抜	0	0	0	0	0	0	1	0	×	1

10日で味方を2万人増やす秀吉の早業

羽柴秀吉/光福寺蔵

明智光秀/本徳寺蔵

0 スタート

天正10年（1582）6月3日、光秀の使者が、備中高松の秀吉の陣で捕らえられ、信長の死を知る。

（このとき秀吉直属の兵8000）

1日目

6月4日、備中高松城を落城。城将の清水宗治、両軍が見守る中で切腹。

高松城水攻地理之図/岡山県総合文化センター蔵

2日目

6月5日、秀吉、織田家武将の切り崩しの密書をもった早馬を次々と発つ。

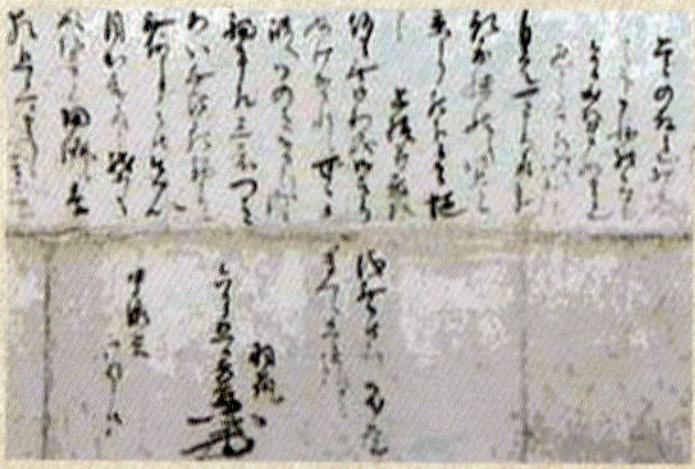

秀吉の中川清秀宛ての手紙/梅林寺蔵

3日目

6月6日、秀吉軍、備中高松から「中国大返し」の開始。

姫路城

5日目

6月8日、猛スピードで姫路城に到着1日部下たちを休憩させる。

7日目

6月9日、ふたたび進軍。
このとき堀秀政の兵2000を加えて1万

中川清秀肖像/碧雲寺蔵

9日目

6月12日　加勢依頼の密書を出していた摂津衆の中川清秀、池田恒興、高山右近が秀吉の軍に加わる。

このとき摂津衆1万の兵を加えて2万

9

高山右近（部分）/大阪カテドラル聖マリア大聖堂カトリック玉造教会蔵

池田恒興肖像/龍徳寺蔵

10日目

6月13日、朝から天王山の麓に秀吉、光秀、両軍の布陣が開始。同日正午に、織田信孝と丹羽長秀が到着。信孝を総大将に据えて信孝配下の兵8000が加入、援軍の来ない光秀軍1万3000に対し秀吉軍は圧倒的優位に立つ。　このとき総兵力2万8000

10

天王山周辺俯瞰

再現・天王山の戦い

皇女和宮の降嫁行列 中山道六九次の旅

京都桂御所から江戸まで
桂御所出発、文久一年（一八六一）一〇月二〇日午前八時

二条大橋（京都）

大津	滋賀県大津市10月20日(2泊)
草津	滋賀県草津市
守山	滋賀県守山市　10月22日(1泊)
武佐	滋賀県近江八幡市
愛知川	滋賀県愛知郡愛知川町10月23日(1泊)
高宮	滋賀県彦根市
鳥居本	滋賀県彦根市
番場	滋賀県坂田郡米原町
醒井	滋賀県坂田郡米原町
柏原	滋賀県坂田郡山東町10月24日(1泊)
今須	岐阜県不破郡関ヶ原町
関ヶ原	岐阜県不破郡関ヶ原町

「和宮江戸城輿入れ三代豊國画」/(財)日本浮世絵博物館蔵

赤坂宿(岐阜県大垣市赤坂町)

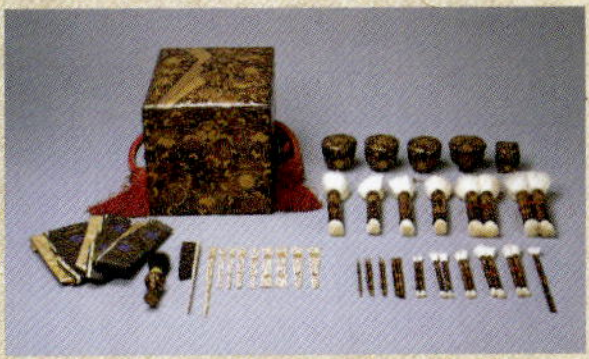

「眉作箱」の中身/東京都江戸東京博物館蔵

垂井	岐阜県不破郡垂井町
赤坂	岐阜県大垣市　10月25日(1泊)
美江寺	岐阜県本巣郡巣南町
河渡	岐阜県岐阜市
加納	岐阜県岐阜市10月26日(1泊)
鵜沼	岐阜県各務原市
太田	岐阜県美濃加茂市10月27日(1泊)
伏見	岐阜県可児郡御嵩町
御嶽	岐阜県可児郡御嵩町
細久手	岐阜県瑞浪市
大湫手	岐阜県瑞浪市10月28日(1泊)
大井	岐阜県恵那市
中津川	岐阜県中津川市10月29日(泊)
落合	岐阜県中津川市
馬籠	長野県木曽郡山口村
妻籠	長野県木曽郡南木曽町
三留野	長野県木曽郡南木曽町11月1日(1泊)
野尻	長野県木曽郡大桑村
須原	長野県木曽郡大桑村
上松	長野県木曽郡上松町11月2日(1泊)

福島	長野県木曽郡木曽福島町
宮ノ越	長野県木曽郡日義村
薮原	長野県木曽郡木祖村11月3日(1泊)
奈良井	長野県木曽郡楢川村
贄川	長野県木曽郡楢川村
本山	長野県塩尻市　11月4日(1泊)
洗馬	長野県塩尻市
塩尻	長野県塩尻市
下諏訪	長野県諏訪郡下諏訪町11月5日(1泊)
和田	長野県小県郡和田村11月6日(1泊)
長久保	長野県小県郡長門町
芦田	長野県北佐久郡立科町
望月	長野県北佐久郡望月町
八幡	長野県北佐久郡浅科村11月7日(1泊)
塩名田	長野県北佐久郡浅科村
岩村田	長野県佐久市
小田井	長野県北佐久郡御代田町
追分	長野県北佐久郡軽井沢町
沓掛	長野県北佐久郡軽井沢町11月8日(1泊)
軽井沢	長野県北佐久郡軽井沢町

「和宮様御下向図」(部分)/中山道ミニ博物館蔵

上下とも
下諏訪本陣岩波家(長野県下諏訪町)
田畑みなお氏提供

坂本	群馬県碓氷郡松井田町　11月9日(1泊)
松井田	群馬県碓氷郡松井田町
安中	群馬県安中市
板鼻	群馬県安中市　11月10日(1泊)
高崎	群馬県高崎市
倉賀野	群馬県高崎市
新町	群馬県多野郡新町
本庄	埼玉県本庄市　11月11日(1泊)
深谷	埼玉県深谷市
熊谷	埼玉県熊谷市　11月12日(1泊)
鴻巣	埼玉県鴻巣市
桶川	埼玉県桶川市　11月13日(1泊)
上尾	埼玉県上尾市
大宮	埼玉県大宮市
浦和	埼玉県浦和市
蕨	埼玉県蕨市
板橋	東京都11月14日午後5時着(1泊)、翌日、九段清水御殿着

日本橋

※この旅、九段清水御殿まで。

板鼻宿本陣跡(群馬県安中市板鼻)

池田屋に斬り込んだ近藤、沖田、永倉、藤堂たちの戦い

永倉新八肖像／清水隆氏蔵

永倉新八が書き残した「浪士文久報国記事」による池田屋事件再現

「浪士文久報国記事」
多田敏捷氏蔵

1

[元治元年(1864)6月5日午後7時～]
新選組を近藤隊(10人)、土方隊(24人)の二手にわけ、長州藩士を中心とした過激派藩士を捜索。

2

[午後10時～]
京都三条通りの旅館・池田屋に集まっていることを先につかんだ近藤隊が集結。

池田屋俯瞰再現、表に3人、裏口に3人が囲む

3

表口と裏口をかため(6人)、局長近藤勇、沖田総司、永倉新八、藤堂平助の4人で屋内に侵入。

4

1階を永倉と藤堂がかため、階上へ近藤、沖田が突入。

5

近藤の「御用改めでござる」の大声に、2階で刀を抜き、待ち構えていた20数人の藩士が部屋の奥へ後退。

6

2階から屋外や1階に逃げ出す藩士たちと大乱闘。

池田屋再現、2階に過激派藩士たち20数人がいた

池田屋再現、2階に近藤、沖田、1階に永倉、藤堂の配置

京都・祇園の路地

「義士仇討之図」／赤穂市立歴史博物館蔵　新選組の衣装は歌舞伎の忠臣蔵をまねてつくられたという

8

2階の沖田、持病の結核の発作のため喀血。

9

1階の藤堂、眉間に太刀を浴びて重傷。

10

近藤、1階に下り永倉と2人だけで応戦、危うい状態になる。

11

土方隊がかけつけ、形勢が逆転。

池田屋再現、近藤と永倉の2人だけの戦いになった

池田屋騒動跡

八木邸(旧新選組屯所/新選組が寝泊まりしていた民家)

永倉新八(晩年)肖像／
右から3人目(中央)
月形樺戸博物館蔵

その時歴史が動いた1　目次

装幀・口絵・扉デザイン／斉藤　稔

その時歴史が動いた1

運命の一瞬、東郷ターン

日本海海戦の真実

［その時、一九〇五年（明治三八）五月二七日午後二時五分］

明治の末、日本は黒船来航以来の最大の危機を迎えていた。
近代日本の大きな転換点となった日露戦争。
明治三八年(一九〇五)五月二七日、
その戦争の行方を決める戦いが行われた。
日本海海戦である。
強敵帝政ロシアの艦隊を迎え撃つ日本の連合艦隊、
その司令長官は東郷平八郎。
この時、東郷は迫りくるロシア艦隊を前に
常識を覆《くつがえ》す戦法を実行した。
　連合艦隊は敵の目前でいっせいに方向転換、
敵の進路を横一線になって塞《ふさ》いだ。
東郷ターンといわれる捨て身の戦法だった。
ターンの間、連合艦隊は一方的に敵の攻撃を受けていた。
国の命運を背負った戦いであえて危険な戦いに出た東郷。
東郷はこの戦いの一瞬にすべてを込めたのである。
歴史を動かした東郷の決断、その時に迫る。

CG制作・(株)バスプラスワン

〈ゲスト〉

半藤一利（はんどう　かずとし）

1930年東京生まれ。東京大学文学部卒。文藝春秋入社後、『週刊文春』『文藝春秋』各編集長、出版局長、専務取締役等歴任。1993年『漱石先生ぞな、もし』で第12回新田次郎文学賞受賞、1998年『ノモンハンの夏』で第7回山本七平賞受賞。著書に『日本のいちばん長い日』『日本海軍を動かした人びと』『山本五十六の無念』『「昭和」を振り回した男たち』『戦う石橋湛山』他。

日露戦争への道のりと東郷平八郎の実像

ロシアの南下に危機感を持つ日本

一九世紀の末、帝政ロシアは強大な軍事力で領土拡張を続けていた。中国東北部（満州《まんしゅう》）に軍を進め、旅順《りょじゅん》（リュイシュン）には強力な艦隊を配備。さらには朝鮮半島への進出を図り、その脅威は極東の日本にも及んでいた。

当時、日本はまだ明治維新から三〇年を経たばかり。ヨーロッパの先進国に追いつくことをめざしながらも、いまだに工業化への進展は思うようにはかどらない発展途上の弱小国に過ぎなかった。

こういったロシアの大陸南下によって、日本もその脅威を如実に受けるという危機感が徐々に国中を覆うなかで、明治三六年（一九〇三）一

帝政ロシア
一八世紀初頭から一九一七年（大正六）のロシア革命まで続いたロシア帝国のこと。首都はサンクトペテルブルク。当時、帝政ロシアはシベリア鉄道建設、三国干渉、義和団事件などを経て着々と極東での領土拡大を進めていた。

旅順
中国遼寧省の遼東半島南端にある大連市西部の地区。黄海を臨む軍港で、鉄道で大連と結ばれている。英語名はポート・アーサー。海上交通の要衝として古くから開けていた。三国干渉でロシアに租借されたが、日露戦争後は日本に租借権が譲り渡された。第二次世界大戦終結まで関東州の一部として日本の支配を受けたが、戦後ロシアの管理を経て完全に中国に返還された。

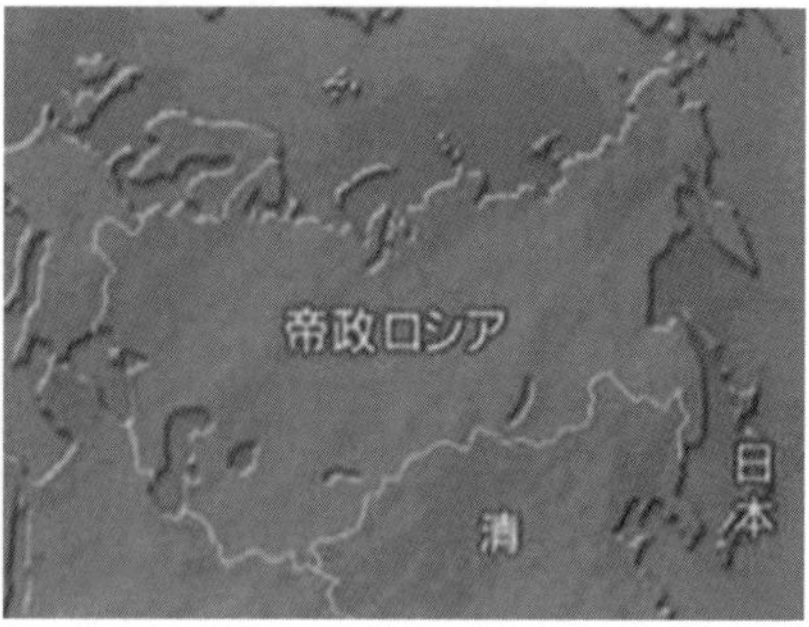

ロシア・日本の勢力図

連合艦隊
艦隊二個以上で編成し、必要に応じて艦船・部隊を編入させた海軍部隊のこと。司令長官は天皇に直隷し、軍政に関しては海軍大臣の指揮を、作戦計画に関しては軍令部総長の指示をそれぞれ仰ぐ。連合艦隊司令長官は第一艦隊司令長官を兼務する。日清戦争に際して初めて編成された。

二月、日本海軍はロシア艦隊に対抗するために、最新の軍艦を揃《そろ》えた連合艦隊を編成する。

その司令長官に任命されたのが明治維新以来、多くの海戦に参加してきた東郷平八郎《とうごうへいはちろう》である。当時、五八歳。慎重で決断力に富み、勉強熱心と東郷は高い評価を受けていた。

後に国内外をあっといわせる海戦を披露することになった東郷の若き日の実像を浮かび上がらせる史料が、イギリスに残っていた。

(財)三笠保存会提供

東郷平八郎

東郷平八郎（一八四七～一九三四）
薩摩藩出身の海軍軍人。薩英戦争参加後、一八六六年（慶応二）薩摩藩の海軍に入る。維新後はイギリス留学を経て海軍少佐として日清戦争に出役した。一九〇三年（明治三六）一二月、連合艦隊司令長官となる。日本海海戦勝利で一躍世界的名声を得、「東洋のネルソン」と称された。死の直前に侯爵となり国葬で葬られた。

英国留学時代の成績表

明治四年（一八七一）、二五歳の東郷は当時、もっとも海運技術の進んだ国イギリスに留学している。若い東郷の使命は、最先端の航海術や操船能力を学ぶことにあった。

英国海運資料館

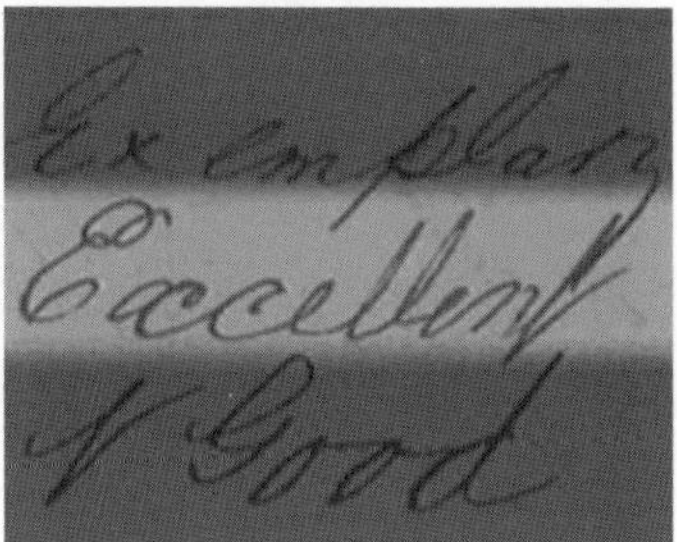

留学時代の成績表

英国海運資料館には東郷が商船学校入学二年目の成績表が残され、基本能力、応用力などは平均点だが、行動力は抜群《ばつぐん》だと記されている。

実際、ケンブリッジ大学での授業を含め、留学先ですべての教科を終えた東郷は「ハンプシャー」という帆船で積極的に世界一周にも出ている。

七年後、帰国する際には、日本が英国に発注した軍艦「比叡《ひえい》」に乗って帰って来た。

やがて東郷の帰国の頃から、日本海軍は西洋列強国の進出に伍《ご》して負けじと近代化に乗り出し、軍備増強を始めていった。

日露開戦

明治三七年（一九〇四）二月、中国東北部（満州）と朝鮮半島の利権をめぐって日露戦争が火ぶたを切った。

日本の陸軍は緒戦でロシア軍を破り、中国東北部に戦線を進めたが、思わぬ反撃に出くわす。中国大陸に兵隊や物資を送るための補給路（日

比叡
日本海軍が一八七五年（明治八）にイギリスに発注した巡洋艦で七八年（明治一一）に完成した。二二八四トンで一七センチ砲二門と一五センチ砲六門を備えていた。

日露戦争
一九〇四年（明治三七）二月から翌〇五年九月まで、日本とロシアが朝鮮と満州の支配をめぐって争った戦争。日本は米英の支持を取り付けて宣戦布告し、旅順を陥落し奉天を占領した。日本海海戦でバルチック艦隊を撃滅させたが、その後戦力が続かなかった。またロシア側も海軍力の喪失や国内に起こった革命運動のため戦争を続けられず、アメリカの仲介により講和がもたれた。

補給路
前線に兵力や物資を輸送するためのルート。当然このルートを確保できなければ戦いが不利になってくる。

バルチック艦隊
日露戦争の際、太平洋艦隊応援のためバルト海域より極東へ派遣されたロシア太平洋第二・第三艦隊の通称。ロジェストウェンスキーを司令長官とし、半年以上を費やして日本海に現れたバルチック艦隊は、戦艦八、巡洋艦九を含む大艦隊であった。しかし日本海海戦で敗北し、三隻のみが当初の目的地ウラジオストックに到着した。

本近海の海路）を攻撃してきたのだ。

ロシアは旅順やウラジオストックに戦艦七隻を含む強力な艦隊を配備していたが、日本の輸送船はロシア艦隊の攻撃によって、わずか三か月で一三隻も沈められてしまっていた。

司令長官の東郷率いる連合艦隊の任務は、このロシア艦隊を撃滅し、日本にとって大切な補給路を守ることにあった。

開戦まもなく、連合艦隊を震え上がらせるニュースが飛び込んできた。ロシアが、ヨーロッパのバルト海にいた強力艦隊を援軍として日本海に送るという。戦艦八隻を擁《よう》する三〇あまりの大艦隊、バルチック艦隊である。

その主力が同年一〇月一五日、ロシアの軍港リバウを出航して地球を半周する航海の途についた。

これほどの大艦隊による航海は史上初めてのことであった。

日本海海戦まであと七か月になっていた。

memorandum

〈現存する戦艦三笠〉

バルチック艦隊と戦うために、東郷平八郎らが乗り込んだ連合艦隊の旗艦三笠が、神奈川県横須賀市三笠公園で一般公開されている。全容を見てみたい。

全長・一三〇メートル
排水量・一万五千トン
主砲・三〇センチ砲四門（当時最大）
副砲・一五センチ砲一四門
造船国・イギリス（ヴィッカース造船所）
発注時期・明治三二年（一八九九）
完成時期・明治三五年（一九〇二、日露戦争勃発の二年前）

三笠(みかさ)・プロフィール

明治三五年五月一八日横須賀に到着。旅順攻略作戦、黄海海戦、日本海海戦等に参加。明治三八年九月佐世保港火薬庫の爆発で沈没。明治四一年四月佐世保で復旧。大正七年～シベリア沿海警備。大正一二年九月関東大震災のため横須賀で艦底破損。大正一五年一一月白浜海岸に永久保存決定。昭和三六年五月記念艦として復元。

●三笠公園　資料探索

三笠は横須賀市の三笠公園にて一般公開されている。
神奈川県横須賀市稲岡町82−9
（記念艦三笠）
TEL0468−22−5225
京浜急行の横須賀中央駅から徒歩12分

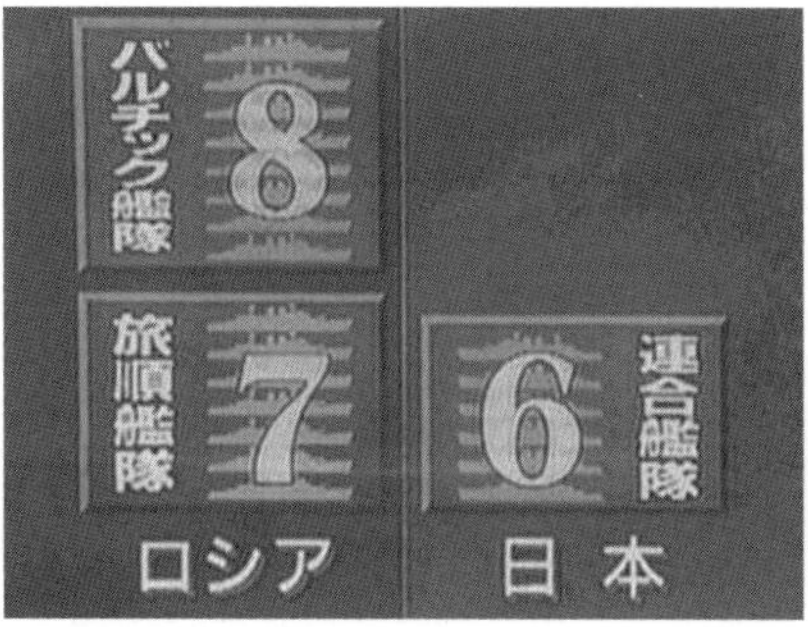

日露艦隊比較表

日本海海戦まで、あと七か月

バルチック艦隊出陣の衝撃

ロシア帝国から出航したバルチック艦隊はその後、アフリカ、インドを回って日本をめざしたが、当時日本は黄海《こうかい》（旅順港南方）でロシアの旅順艦隊と戦っていた。その旅順艦隊にバルチック艦隊が加わるとどうなるか。

開戦当時、日本には戦艦の数だけで六隻、ロシアの旅順艦隊は七隻あった。バルチック艦隊は戦艦八隻を擁しており、合わせると計一五隻の大艦隊になる。日本の倍以上の艦隊と戦うことを意味していたのだ。

こういった状況を東郷はどう乗り切ろうとしていたのだろうか。海軍についての著作を多数持つ作家の半藤一利さんに、当時、明治の日本人は帝政ロシアの進出をどう感じていたのかをうかがった。

半藤　これはもう最大の脅威なんていうものではないと思います。ロシアと戦うためという言い方はおかしいのですが、富国強兵《ふこくきょうへい》と臥薪嘗胆《がしんしょうたん》という二つの言葉を抱えて、日本人はもう精一杯の我慢に我慢を重ねてきていた。いよいよその現実が目の前にきたというわけですから、当時の国民全員が震え上がったと言ってもいいのではないでしょうか。

――伊藤博文《ひろぶみ》などは悲観論でした。

半藤　はい。もうやりたくないんですね。

――日本全体として、何と無謀なこと、という状況でしょうか。

半藤　そう思います。明治天皇が戦さは本当に大丈夫かと、何べんも念を押すくらい国運を賭《と》したといいますか、大変な決断だったのですから。

――こういう中でロシアとの戦いを東郷はどう乗り切ろうと思っていたのでしょう。

半藤　この人は非常に面白い人で、生まれは薩摩《さつま》なんです。薩摩の海軍

富国強兵
欧米諸国に追いつこうと明治日本が掲げた国家目標を示したことば。富国は殖産興業に代表される経済発展、強兵は陸海軍を近代化する軍事力強化を表す。その実現には国民全体の主体的参加が必要とされた。当時は列強の東アジア進出に対抗するため軍事力の強化（強兵）が重視されたため、国民生活（富国）に犠牲が強いられた。

伊藤博文（一八四一～一九〇九）
長州藩出身の政治家。日露戦争には消極的な立場をとった。満韓交換で日露関係の調整を唱えたが、小村寿太郎外相（当時）に抑えられた。また日露協商の可能性を期待して訪露するが、具体的成果を得られなかった。

戊辰戦争
一八六八年（慶応四）の鳥羽・伏見の戦いから翌年の箱（函）館戦争まで、討幕派（新政府軍）と旧幕府軍との一連の戦争。東郷は戊辰戦争時には薩摩藩の軍艦春日に士官として乗り組み、阿波沖で幕府艦「開陽」と戦った。この海戦

は日本における最初の欧式軍艦間の交戦といわれている。

山本権兵衛（一八五二〜一九三三）薩摩藩出身の海軍軍人、政治家。日本海軍育ての親ともいうべき人物である。海軍大臣を歴任し、日露戦争では東郷を「運のよさ」で司令長官に据えている。一九一三年（大正二）には首相となった。

「東郷司令長官と山本海軍大臣の接点」

東郷は英国留学時代、日本がイギリスに発注した軍艦「扶桑」の建造監督も自ら行っていたことがある。帰国後、東郷は中尉としてその扶桑の乗組員になっているが、山本権兵衛も少尉として乗り組んでいた。同じ薩摩の出身であり、砲術や水雷の扱いなど留学で得た新しい知識を東郷は年下の山本に教授している。海軍大臣になった山本が日露戦争直前に、東郷を連合艦隊司令長官に抜擢した理由のひとつには、現場で見た東郷への信頼があったと思われる。

に初めから行きまして、戊辰《ぼしん》戦争の海戦を全部体験しているのです、宮《みや》古《こ》湾海戦とか箱（函）館海戦とか。そこで勇戦力闘しているのです。

敵の弾もどんどん飛んできた中で、陸地に近づいていって攻撃するというようなことをやっている歴戦の勇なんです、若い時から。その意味で非常に運のいい人だったんですね。

——かすり傷一つなしで。

半藤　ええ。かすり傷なしですからね。またイギリス留学で国際法にも通じています。寡黙《かもく》でおとなしくて背の小さいほうでしたから目立たなかったのですけれども、当時の海軍大臣の山本権兵衛《ごんべえ》が、東郷は運がいいんだから任せよう、ということで連合艦隊の司令長官に選ばれたんです。

そしてロシアの艦隊との対決ですが、本人としてはプレッシャーだったと思います。とにかく主力艦が一五対六という戦力比ですからね。これが一緒になって来られたんじゃ、もう勝つ術もないでしょうから。

だからそこで全知全能を絞ったといいますか、これを分けて戦う方法

海軍大学校
当初、海軍士官に高等技術を教授することを目的とした機関で、一八七九年（明治一二）に東京・築地に設置された。しかし一八九七年（明治三〇）に学制の大改革が行われ、将校および機関官に高等技術を教授するところとなった。戦略、戦術、戦務、軍政をはじめとする学問が教えられ、卒業者は海軍省や海軍軍令部の重要ポストを占めた。

盛岡タイムス社提供

山屋他人（一八六六〜一九四〇）
海軍軍人。南部藩士族の出身。一八九八年（明治三一）に海軍大学校教官となり、円戦法をまとめた。戦術を理論として構築する彼

をまず考えたのだと思います。

東郷平八郎の奇策

座して時を無為に待ってはいけない。バルチック艦隊が来る前に、いま戦っている旅順艦隊を殲滅《せんめつ》しなければいけないと東郷は考え、そのために丁字《ていじ》戦法という奇策を用いる。

丁字戦法は明治三二年（一八九九）日露戦争の五年前、東郷が校長を務めていた海軍大学校で生み出されていた。その原点は、教官の山屋他《やまやた》人《にん》が考案した円戦法にあった。

この戦法は敵艦隊の周りを回りながら、最初に先頭の敵艦に攻撃を集中して倒すのがミソであったが、お互いの艦隊が進むにつれて、すれ違いが起こり、敵艦隊を逃がしてしまう欠点があった。

の戦法は「山屋戦術」と呼ばれた。日露戦争に際してもロシアの軍港や造船所などを徹底的に視察したといわれる。日本海海戦にも海軍大佐として参加した。

秋山真之（一八六八～一九一八）海軍軍人。松山藩士族の出身。アメリカ留学、イギリス駐在後の一九〇〇年に帰国。〇二年より海軍大学校の教官を務めた。留学中も含め古今東西の戦法・戦術を研究し、その中で「丁字戦法」を考案した。海軍きっての戦略家といわれた。また名文家としての一面もあり、彼の起案した大本営への報告文「本日天気晴朗ナレドモ波高シ」はよく知られている。

(株)文殊社提供

そこで、同じ教官であった秋山真之《さねゆき》が円戦法を改良したのが丁字戦法だった。

丁字戦法では、一直線に進んで来る敵艦隊に対し、横一列に味方艦隊を並べておいて敵の進路を遮《さえぎ》る形をとっていく。いわば相手と丁の字の陣形を組み、逃げられないようにして、すべての砲門を敵の先頭に集中。順々に敵艦を一隻ずつ沈めて全滅させる戦法である。

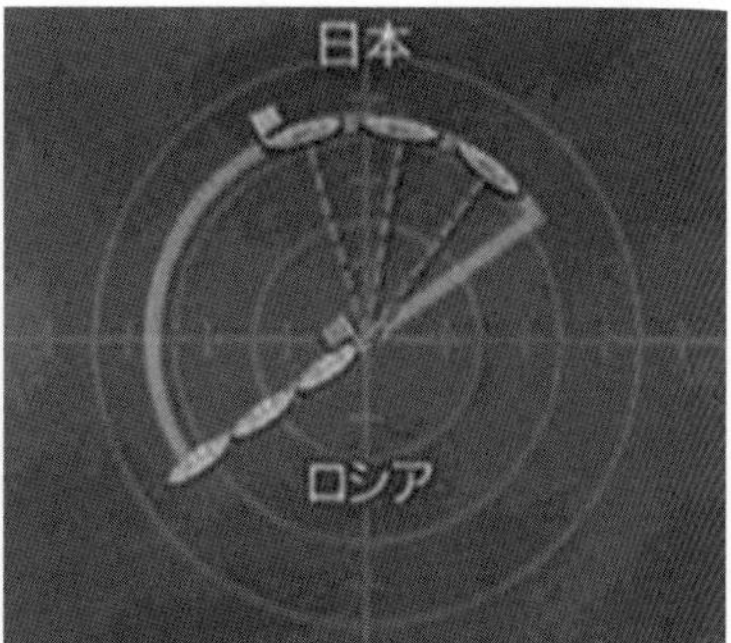

円戦法

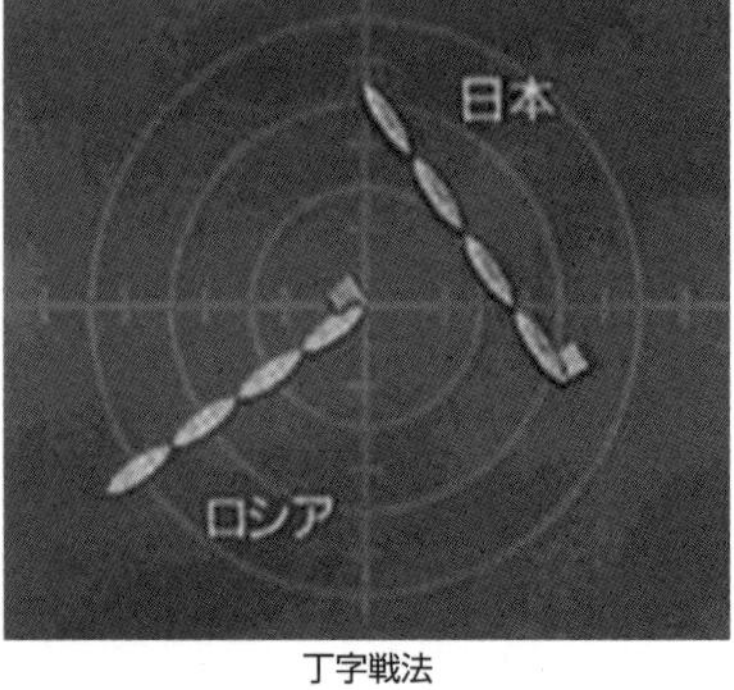

丁字戦法

これは日本古来の水軍《すいぐん》の戦法がヒントになっているようだ。海軍史に詳しい愛知工業大学教授の野村實《みのる》さんによると、この攻撃のポイントは敵の最も大切なところに攻撃を集中していく点であり、水軍なら大将の乗る船への攻撃、日本海海戦ならば旗艦《きかん》への攻撃を集中させていくというところが共通項で、古来の水軍から変わらない戦法なのだという。

水軍
室町〜戦国時代の大名に付属して海上業務にあたった軍事集団。その前身は海賊である場合が多い。丁字戦法は、伊予水軍の戦法を起源にしているといわれている。

野村實
愛知工業大学客員教授（軍事史）、文学博士。海軍兵学校教官を経て、戦後防衛庁に入る。その後は戦史研究室長、防衛大学校教授を歴任。この間に『極秘明治三十七八年海戦史』を発見・研究し、日本海海戦の舞台裏を明らかにした。著書に『海戦史に学ぶ』『日本海海戦の真実』など。

黄海海戦
一九〇四年（明治三七）八月一〇日、ウラジオストックの艦隊に合流するため旅順港から脱出したロシア艦隊と、それを阻止しようとした連合艦隊との間で行われた海戦。連合艦隊は遠くまでロシア艦隊を誘い出したが、旗艦を撃破したのみで結局旅順港へ逃してしまった。以降、日本は制海権を掌握した。

黄海海戦での試み

日本海海戦の前年、明治三七年（一九〇四）八月一〇日、東郷率いる連合艦隊は旅順のロシア艦隊と対決する。

ロシア艦隊は、旅順を出てウラジオストックに抜け出るために日本海を突破しようとしていた。

情報を受けた連合艦隊は旅順に急行。敵艦隊を殲滅しようと、丁字戦法を実行した。黄海海戦での試みである。

連合艦隊司令長官東郷は主砲の射程距離である八〇〇〇メートルで丁字が完成するように、敵の一万メートル先で連合艦隊のターンを命じた。艦隊のターンによってロシア艦隊は行く手を遮られ、先頭艦への集中砲撃が行われるはずであった。しかし、ターン完成の前に敵艦隊は進路を反対に取り、逃げ戻られてしまい、容易に決着がつかなかった。

ロシア艦隊の一部を駆逐《くちく》できたものの、丁字戦法の方は失敗に終わったのだ。

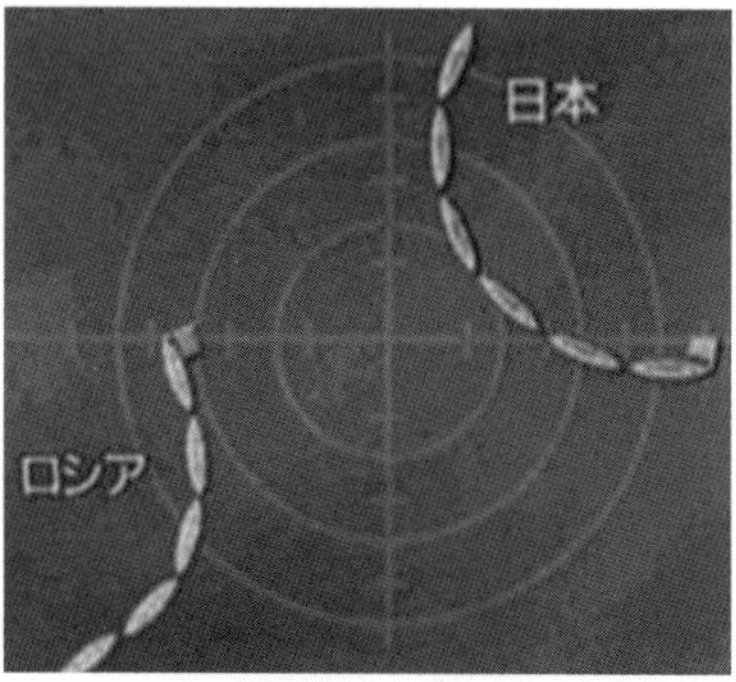

黄海海戦の丁字戦法

海軍に代わって旅順ロシア艦隊を撃滅するために、陸軍が旅順を攻撃することになった。陸軍は半年をかけて旅順を占領、陸上からの攻撃で旅順艦隊を撃滅した。

明治三八年（一九〇五）一月一日、旅順のロシア要塞《ようさい》は陥落したものの、日本軍の死傷者はおよそ六万人を数え、あまりに大きな代償を払うこととなった。

日本とロシアが、それぞれの命運を賭けた決戦となるバルチック艦隊の来襲まで、あと五か月になった。

連合艦隊司令長官・東郷の苦悩

丁字戦法失敗の検証

画期的な方法を考え出しても、なかなか実戦で結果を出せなかった連合艦隊。なぜ丁字戦法が失敗に終わったのか、また次に続くバルチック艦隊との決戦の意味も含め検証してみたい。丁字戦法では、

①日本の連合艦隊がロシア艦隊に対して横切り、一直線になる。

②艦隊の全部の砲門、大砲の向きを敵の先頭艦に集中、一隻ずつ沈める。

ということが特徴であった。

ただし、弱点もあった。横一列になるためのターンをしている間は砲撃ができず、敵に狙《ねら》われやすいことである。

――成功するためには、敵に撃たれることを覚悟のうえで距離を縮めてターンできるかどうか。このターンのタイミングが難しいですよね。

半藤　ええ。作戦としては理想的なんです。頭を抑えて集中砲火を浴びせるというのはね。でもそのために困難なのは、船というものは動いていまして、それで惰性がついています。そうすると回り方が大きくなるわけです、自動車みたいに回れませんから。

また踏み込み過ぎると、本当に大回りになりまして、敵にやられちゃうわけです。

――砲撃を受けますよね、ターンの途中ですから。

半藤　といって踏み込まないと、黄海の海戦のように敵を逃がす可能性も大きくなります。

――敵方との距離が一万メートルでターン、射程距離八〇〇〇メートルでターン完成というのはどうですか。

半藤　非常に微妙なところです。射程距離に入らなければいけませんが、入り過ぎちゃうとこちらがノックアウトを喰らっちゃうから。理想の形なんですけれど、艦隊行動ですから、うまく一斉に動かないといけません。

相当の訓練とお互いの意志の疎通をうまくやらないと、かえって危ない戦法になってしまうところがあります。

――動いている船からの砲撃の命中率は三パーセントくらいだったとか。

半藤　三パーセント当たればいいところじゃないでしょうか。当時の船と船同士の命中率というのは本当に低いんですよ。

――百発撃って三発が当たるか当たらないかぐらい、ということですか。

半藤　ええ。太平洋戦争でもそうですからね。

――そこで命中率を高めるという意味でも艦隊が横一列になって、全部の砲門を先頭艦に向けるのですね。

半藤　はい。各艦の大砲がいっぺんに集中するわけですから、それぞれの命中率は仮に三パーセントとしても、総合すると確率は高まるわけです。そういう意味では理想の船型なんですね。

――どうしてこの丁字戦法を使って、敵艦を一つずつ殲滅していかなければならなかったのでしょう。

半藤　この戦争は、取り逃がしてウラジオストックにロシアの艦隊が半分でも入っちゃうと全然意味がないんです。制海権《せいかいけん》を取るためにロシアの艦隊は遠くから来ていますが、相当くたびれているんです。

　ウラジオストックに入って十分に準備を整えて静養して出て来たら、とても強力な艦隊ですから、これはどうしたって逃がさないということが最大の目的なんです。

――ウラジオストックに逃げられることで、結局日本の補給路が守られ

制海権
シーレーンともいう。ある国がその海上交通路を確保したり敵国が使用できないようにするためには、一定の海域を管制しなくてはならない。日本は黄海海戦の勝利により黄海の制海権を得たのである。

なくなる。

半藤　そうなんです。当時、大陸で戦っている陸軍が、奉天《ほうてん》の会戦（明治三八年三月一〇日）で一応勝ったのですけれど、ロシア軍は後退しながらももう一度大決戦をやるつもりで構えているんですね。日本軍には弾はなくなってきていますし、将校がずいぶんやられています。

さらに補給路が断たれたら、大陸にいる陸軍は下手をすると全滅しちゃうわけです。そこで何とかしてここで勝って、講和のチャンスもつかもうというのが日本の戦略の最大の目標になってきたんです。

海戦の準備

東郷はやがてやって来るバルチック艦隊を撃滅しようと、猛訓練に明け暮れる。黄海海戦で敵を逃がした失敗を繰り返さないよう、全艦隊が迅速にターンする練習や砲撃の命中率を高めるための訓練を必死で行ったのだ。

奉天の会戦
一九〇五年（明治三八）三月に行われた日露戦争最後の大規模な陸上戦。旅順攻略後、戦局を決定的にするため、日本軍はロシア軍の拠点である奉天を攻撃した。ロシア軍は退却し日本軍は奉天を占領したが、敵主力の撃滅という目的は果たせなかった。

連合艦隊演習

(株)文殊社提供

密封命令
開封した時点で有効となる命令書のこと。その開封はあらかじめ期日が指定されるか、司令長官の指示で開封する。『極秘明治三十七八年海戦史』の発見によりその内容の詳細がわかった。

極秘明治三十七八年海戦史
日露戦争後、海軍軍令部により編纂された戦記。全一五〇巻の内容は戦闘詳報等をもとに日露戦争中の海戦について網羅している。昭和二〇年の終戦時に他の極秘文書

三か月間、朝五時から夜八時まで訓練を続けることで、砲撃の命中率わずか三パーセントが倍以上にあがったという。

日本軍による旅順陥落の後、バルチック艦隊の目的地はロシア軍のもう一つの根拠地・ウラジオストックだった。そのルートは、対馬海峡《つしまかいきょう》を通るものと津軽《つがる》海峡を通っていく二つが主に考えられた。

連合艦隊の予測は当初、「バルチック艦隊は対馬海峡を通る」という

バルチック艦隊の進路予想図

とともに焼却されたが、明治天皇に献上された一組が残った。戦後、宮内庁から防衛庁に返却された。発見の経緯、内容は野村實『日本海海戦の真実』に詳しい。

●防衛研究所　資料探索

極秘明治三十七八年海戦史は防衛研究所戦史史料閲覧室で閲覧できる。
東京都目黒区中目黒2－2－1
JR恵比寿駅から徒歩5分

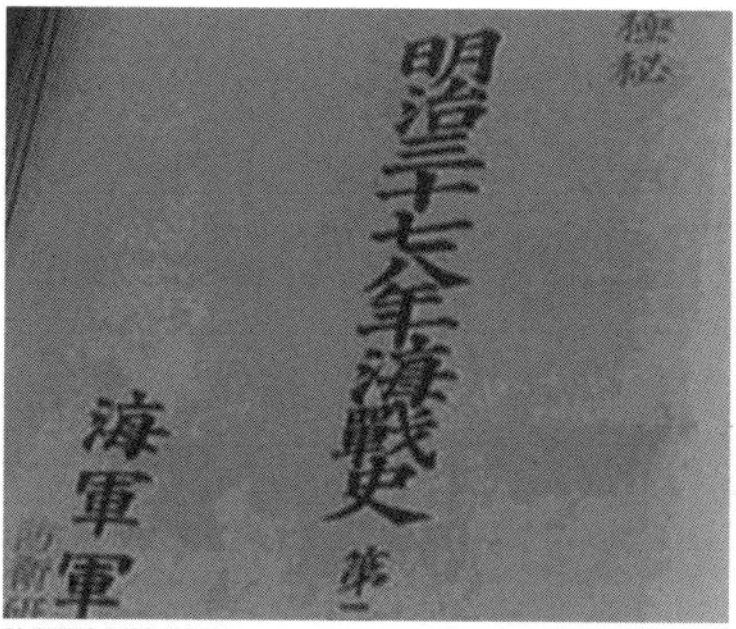

防衛研究所戦史部蔵

もので、朝鮮半島南端の鎮海《ちんかい》（チンヘ）湾で待機していた。

ところが、予期した日になっても対馬沖に現れない。連合艦隊の予測よりも遥かに遅い速度でバルチック艦隊は進んでいたからである。

五月二四日、バルチック艦隊の実際の動きを知らない東郷は、次はこうせよ、という連合艦隊への命令書「密封命令《みっぷうめいれい》」を封筒に入れて各艦隊に配った。この封筒は指示された日時に開かれ、実行されることになっていた。

この命令の詳細を記した『極秘明治三十七八年海戦史』が残されている。日本海海戦の極秘記録を記したこの本は、昭和五四年（一九七九）に発見され、当時東郷が封筒に入れた命令の内容が明らかになった。

連合艦隊は、北海方面、つまり津軽海峡近辺へ移動すべし。

封筒は、配布の翌日五月二五日に開かれ、この命令が実行されること

（株）文殊社提供

仮装巡洋船艦信濃丸
一九〇〇年（明治三三）、イギリスのグラスゴーで竣工された貨客船。日露戦争勃発により仮装巡洋船となった。六三八八総トン。目的地のウラジオストックに向かって対馬海峡にさしかかったバルチック艦隊の一部である病院船アリヨールを発見し、これを連合艦隊に打電した。その後も敵艦隊の動向を監視し続け、日本海海戦の勝利に貢献した。

になっていた。

東郷の部下の参謀たちの意見は割れていたので、意思の統一を図るために皆を集め、会議を開くことにした。

五月二五日午前、戦艦三笠での会議は紛糾していた。いままで敵が現れない以上、すぐに艦隊を津軽に向かわせるべきだという意見と、情報が入る前に動くのは危険であると移動に強く反対する意見が対立したのだ。

息の詰まるような会議の後、部下の意見をもとに東郷が出した結論は、もう一日津軽行きを延期し、対馬に留まるというものだった。

翌二六日になって、バルチック艦隊が対馬海峡に向かっているという情報が届いた。津軽へ向かう命令を入れた封筒は、間一髪のところで開かれなかったのである。

大本営
一八九三年（明治二六）に設置された天皇直属の最高統帥機関。戦時や事変に際して設けられる。日露戦争の際、大本営は宮中に設けられたので、定期的に一般会議と御前会議とが開かれた。

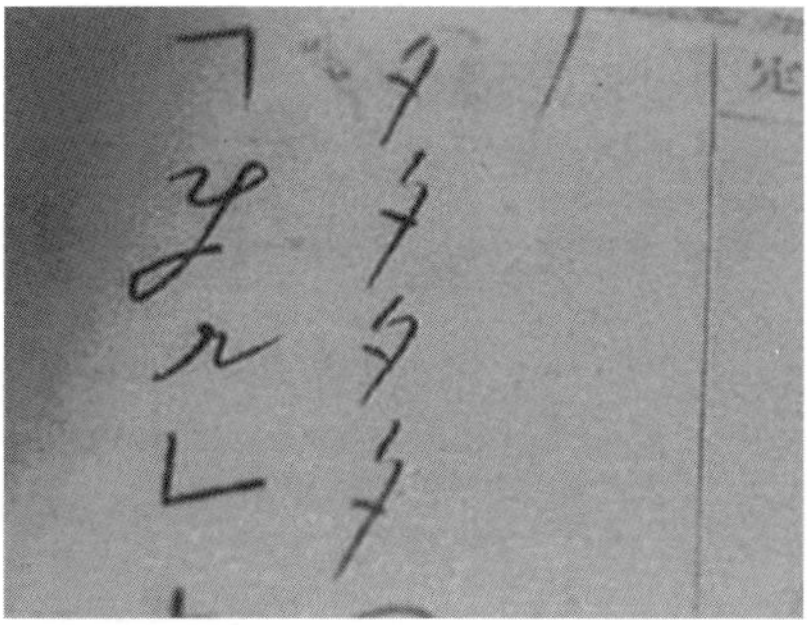
電報「タタタタ」
防衛研究所戦史部蔵

激突まで、あと八時間

五月二七日午前四時四五分。

警戒を続けていた仮装巡洋艦信濃丸から「敵艦隊見ユ」との電信が入った。その暗号は「タタタタ」。

ついにバルチック艦隊が九州沖西方に現れたのだ。

午前五時五分。

知らせを受けた戦艦三笠は直ちに出撃。

午前六時、連合艦隊司令部は東京の大本営《だいほんえい》宛てに電報を発した。

「敵艦隊見ユトノ警報ニ接シ

連合艦隊ハ直ニ出動

之ヲ撃滅セントス
本日天気晴朗ナレドモ波高シ」（これは平文〔暗号文ではない〕として打たれた）

風が強く吹き、波も荒い天候の中で、丁字戦法を決行する時がいよいよやって来た。
決戦まで、あと八時間に迫ろうとしていた。

連合艦隊の幸運

——結果的に連合艦隊は対馬で待っていて良かったということですね。

半藤　そういうことです。連合艦隊の司令部としては、バルチック艦隊はもう太平洋に出て津軽海峡に向かっていると判断していたんですね。そして錨《いかり》を上げて北上して北海道沖で待とうと決断したんです。
ところが、連合艦隊の中に、それは違う、敵は必ず対馬に来ると強く主張する人がいました。藤井較一《こういち》という大佐と島村速雄《はやお》という少将なんです。

――殊勲功ですね。

半藤　ええ、第二艦隊の参謀長と第二艦隊第二船隊の司令官です。あまり反対するものですから、連合艦隊参謀長の加藤友三郎《ともさぶろう》少将が、「意見がこんなにばらばらで戦闘に入っては勝つべき戦さも勝てなくなる。ここは意見を統一しなくてはいけない」というので、五月二五日、三笠での最終会議を持つわけです。

この会議で東郷司令長官がみんなの意見を聞いて、自分で決断を下すんです。どういう決断かというと、密封命令という封筒に入れた命令書を開けるのを二四時間延期するという決断です。

この決断が生きちゃったのです。

――歴史が動く時というのは、必ずその裏に「幸運」というのがありますけれど、まさに今回もそれであったわけですね。

半藤　東郷平八郎の幸運が本当についていた。それに東郷という人は、

藤井較一（一八五八～一九二六）海軍軍人。岡山藩士族の出身。日本海海戦には第二艦隊参謀長として参加した。五月二五日の三笠での軍議で藤井は、遅れて島村がやって来るまで孤立無援で移動反対説を主張していたという。

島村速雄（一八五八～一九二三）海軍軍人。当初、連合艦隊参謀長として東郷を補佐したが、のちに戦策を秋山真之に任せて自らは第二戦隊司令官として戦闘を指揮した。日本人による初の海軍戦術書『海軍戦術一般』を編集した。

加藤友三郎（一八六一～一九二三）安芸藩出身の海軍軍人、政治家。第一艦隊兼連合艦隊参謀長として東郷を補佐した。のちに軍政家として山本権兵衛につづいて活躍した。一九二二年首相。

自分できちんと決断したというところが偉いですね。人に任せないで、聞くべきところは全部聞いて、連合艦隊司令部の意見はそうだけれども、やはりここで待つべきだという意見は自分で決断されました。

——部下の意見を聞いたということですね。

半藤　強硬な反対意見の二人の話をしっかりと聞いたのですね。そちらの方が合理的であるとご自分で判断したんじゃないでしょうか。それで一日出発を延ばしたお陰で、「敵艦隊見ユ」の信号が到着したわけですね。

　また戦争というのは紙一重で、大失敗するか、大成功するかということがあるんです。

——揺るぎない自信で東郷平八郎は対馬だと思っていたんじゃないんですね。

半藤　一度半《なか》ば決断をしているのですよ。

——その決定を解き明かす「密封命令」なるものは、ほとんど最近の人は……。

●沖ノ島　資料探索
沖ノ島は島全体が宗像《むなかた》大社（沖津宮）の境内となっているため、上陸には神社の許可と海水につかるみそぎが必要である。福岡市内から車で一時間。玄海町田島の辺津宮境内の神宝館に日本海海戦当日の目撃談を綴った日誌が残されている。

（宗像大社）
TEL0940−62−1311

半藤　知らなかったのですね。詳細が記された『極秘明治三十七八年海戦史』という大量の本は、終戦直後に全部焼かれてしまい、一組だけ宮内庁に残っていたんです。それが最近になってわかりまして、初めて諸々の事実がわかったのです。ですから、東郷も人間的なものすごい悩みを克服して、あの決断に到達したというところが大事だと思うのです。

決戦・沖ノ島

明治三八年（一九〇五）五月二七日。九州北方、玄界灘《げんかいなだ》に浮かぶ沖ノ島の西の海上で、日露戦争の勝敗を決める日本海海戦が始まろうとしていた。

午前六時五五分。
日本海に入ったバルチック艦隊は、まっすぐ北上していた。一方、東郷率いる連合艦隊は、戦艦三笠を先頭に一直線になり、沖ノ島をめざし急行していた。

午後一時三九分。

連合艦隊はついにバルチック艦隊の姿を捕らえる。

距離一万二〇〇〇メートル。

両艦隊は急速に距離を詰めていく。

午後一時五五分。

三笠のマストに旗が翻った。

「皇国ノ興廃コノ一戦ニアリ
　各員一層奮励努力セヨ」

国の命運を賭けたこの戦いに全力をつくせ、という激励を意味するZ旗だった。

午後二時二分。

距離一万メートルに近づいた。

黄海海戦ではこの距離でターンを始めたが、今回、東郷はまだターンの指示を出さなかった。

Z旗
無線電話などない時代、艦隊内での命令などは旗信号を介して伝達されていた。Z旗は国際信号として緊急事態対処の際に、大いなる努力を求めることを表している。こうしたZ旗を掲げることは艦隊員たちの士気を高揚させるのに役立ったのである。

「九五〇〇メートル」

これ以上近づくと、ターンの間は一方的に攻撃されてしまうが、

「九〇〇〇メートル」、

「八五〇〇メートル」、と東郷はなおも動かない。

「もはや八〇〇〇メートル」となったその時、
明治三八年五月二七日午後二時五分、東郷の右手が挙がり、緩やかに左へ回った。三笠は、左へ一五〇度の急旋回《せんかい》を始めた。

「東郷ターン」の瞬間である。

連合艦隊は、三笠を先頭に一列になってターン、バルチック艦隊の前を横切ろうとした。

射程距離内で日本の艦隊が次々とターンするのを見たロシア艦隊は驚き、また喜んだ。

バルチック艦隊司令長官ロジェストウェンスキーはこの時、

ロジェストウェンスキー
（一八四九〜一九〇九）
バルチック艦隊司令長官。旗艦スワロフに座乗し連合艦隊と交戦したが、連合艦隊が丁字戦法で大回頭を行っている絶好のチャンスを生かせず惨敗した。自らも頭部や背中に重傷を負い、敗残の艦船とともに捕虜となった。東郷と違い、実戦の経験はほとんどなかったといわれる。

る。

「まったく思いがけないチャンスが我々に舞い込んだ」と書き残している。

バルチック艦隊はすぐさま三笠に集中攻撃を開始。

最初の数分で、三笠は三〇〇発以上の砲弾にさらされているが、幸運にも致命傷を受けることはなかった。

二時八分。

三笠はついに一五〇度のターンを終えて敵の進行方向を遮った。丁字戦法の形ができあがったのだ。

二時一〇分、三笠からの初弾発射。

バルチック艦隊は先頭の旗艦がたたかれ、混乱に陥る。

三笠に続いてターンを終えた他の戦艦も次々に砲撃を開始して、日本の連合艦隊は凄まじい威力を発揮する。

午後二時一八分。戦艦スワロフ被弾、炎上。

午後三時一〇分。戦艦オスラビア沈没。

戦艦スワロフ
ロシア太平洋第二艦隊・第一戦艦隊の旗艦。排水量一三五一六トン、速力は一八ノット。主砲三〇センチ砲四門、副砲一二門を備えていた。ロシアで竣工。連合艦隊の攻撃を受けて沈没した。

戦艦オスラビア
第二戦艦隊の旗艦。一二六七四トン。速力は一八ノット。

戦艦アレクサンドル三世
第一戦艦隊戦艦。一三五一六トン。速力一八ノット。

戦艦オスラビア沈没
(財)三笠保存会

午後七時。戦艦アレクサンドル三世沈没。

戦艦八隻を含む二七隻が沈没または降伏。バルチック艦隊で逃げのびたのは、三隻だけだった。

東郷率いる連合艦隊はバルチック艦隊を壊滅させた。

日本の制海権を守って、日露戦争の勝利を確かなものにするできごとだった。

「日本海海戦」タイムテーブル／連合艦隊ＶＳバルチック艦隊

明治38(1905)年5月27日

午前４時45分	信濃丸より「敵艦隊見ユ」(暗号「タタタタ」の連絡)
午前５時05分	戦艦三笠、対馬沖に向けて出撃
午前６時00分	連合艦隊司令部が大本営に電報発信「本日天気晴朗ナレドモ波高シ」
午前６時55分	バルチック艦隊日本海を北上中
午後１時39分	連合艦隊、バルチック艦隊の姿をとらえる／距離１万２千メートル
午後１時55分	三笠のマストに旗が翻る
午後２時02分	バルチック艦隊との距離１万メートル
午後２時05分	東郷ターンの瞬間（三笠左へ150度の旋回）／距離８千メートル
午後２時05分以後数分間	三笠、バルチック艦隊による300発以上の集中砲撃を受ける
午後２時08分	三笠、150度のターンを終え丁字戦法の形を完成
午後２時10分	三笠、初弾発射
午後２時10分以後	三笠に続いて150度のターンを終えた連合艦隊が次々砲撃開始
午後２時18分	戦艦スワロフ被弾
午後３時10分	戦艦オスラビア沈没
午後７時00分	戦艦アレクサンドル３世沈没

日本海海戦、勝利のあとの雲行き

新興国・日本の凱歌《がいか》

――東郷の運命を賭けた「この時」。八〇〇〇メートルでのターンの決断ですが、まさに「肉を切らせて骨を断《た》つ」という感じですね。

半藤　敵艦の射程距離内でのターンですから、すごい決断です。

――日本海海戦で戦った首席参謀の秋山真之さんは、「ペリー来航以来の日本の国力増強の努力は、まさにこの瞬間にあったんだ」と語ったそうです。

半藤　日本が近代国家になろうとしてからたった四〇年くらいの時期なんです。この四〇年間で、世界の強国に負けない海軍になろうとして全力をあげて努力してきたのですから、これまでの努力はこの瞬間にあったんだと思うのは不思議ではありません。多くの日本人はそう思ったんじゃないでしょうか。

――国土の広さでいえば、帝政ロシアに比べて六〇分の一の日本が勝ったんだと日本中が舞い上がりました。

半藤 一等国と言われた国に勝ったからですね。ところが勝ったときにですね、何が間違ったかというと、この戦争が実は危なくて危険極まりない戦争でやっと勝てた、本当は勝ったのではないかもしれない、惨めな勝ちなんだと日本人全体が知れば良かったんです。そうすればのぼせたいい調子の国民にならなかったかもしれない。

これをどういうわけか当時の軍人も政治家も隠しちゃったんですね。とにかく日本も強国になったということで世界中を相手の戦争をしてしまう、そして国を滅ぼしてしまうというのは、この後わずか四〇年後です。

講和会議
一九〇五年、日本を支持してきたアメリカの斡旋によりアメリカの

防衛研究所戦史部蔵

ポーツマスで開かれた。ここで結ばれた条約でロシアは、1韓国における日本の優越権を認めた 2旅順・大連の租借権、南満州の鉄道権利を日本に譲渡した 3北緯五〇度以南の樺太を割譲した 4沿海州・カムチャツカの漁業権を認めた。しかし、犠牲者や戦費の大きさに比べて、日本が得た領土や権益が少なかったとして国民の不満が高まった。

東郷の知る辛勝の意味

日本海海戦から二か月あまり、アメリカ・ポーツマスで日本と帝政ロシアは講和会議を開いた。すでに国力の尽きた日本は、セオドア・ルーズベルト大統領の仲介で、何とか講和にこぎつけたのである。

しかし、日本の国民には、「大国ロシアを破る」という快挙だけが知らされ、日本海海戦の勝利は、日本が無敵であることの証拠として宣伝された。

この後、日本は海軍の軍備を大拡張していき、やがてアメリカやイギリスを敵に回し、世界の中で孤立していった。

しかし、東郷は日本海海戦の勝利は薄氷を踏むものであったことを自覚していた。『極秘海戦史』の中で東郷は、この勝利は「奇績」であったと書き残している。

担当ディレクターの取材ノート

ハイテクの攻防

NHK大阪放送局文化部
藤波重成

「バキャーン」

としか言いようのない爆音が武蔵野の山あいに響き渡り、我々はあまりの衝撃の大きさに目を見合わせた。東京都の西部、あきる野市の火薬会社、細谷火工株式会社の爆発物実験場での出来事である。

日本海海戦で絶大な威力を発揮したという「下瀬《しもせ》火薬」の威力を確かめるために、我々は細谷火工を訪れた。下瀬火薬とは、明治の科学者・下瀬雅允《まさちか》が世界に先駆けて実用化した一〇〇パーセント化学合成の炸薬《さくやく》（砲弾に詰める火薬）であり、その爆発スピード、衝撃はロシア軍の使っていた黒色火薬を遥かにしのぐものだったという。細谷火工は、自衛隊のミサイル燃料から花火の火薬、医療用に体内で使うマイクロ爆弾まで幅広いジャンルの火薬を生産しており、現在も下瀬火薬を花火に使用している。

実験では、黒色火薬と下瀬火薬をそれぞれアルミニウムのパイプに詰めて爆発させた。一瞬の閃光《せん》の後、もの凄い爆音を聞いてから、待避所から煙ただようパイプのところに行った。黒色火薬のパイプは裂けて残っていたが、下瀬火薬を詰めたパイプは、一センチも無い細かい破片に砕け散っている。日本海軍の砲弾を浴びたロシア兵の回想録で、高熱のため船体のペンキが一瞬で燃え上がったなど、火薬の凄《すさ》まじさが物語られているのが良くわかった。

「これが下瀬火薬です」と技術開発部の滝下さんが差し出した小瓶《こびん》には、黄色い結晶が詰まっていた。どこにでもある風邪薬のようだ。下瀬火薬の成分はピクリン酸という薬品で、ダイナマイトの原料・ニトログリセリンの仲間である。フランスで発明されたが、刺激に対してあまりに過敏で、砲弾に詰めても誤爆してしまうので、実用化は無理と言われていた。日露戦争の直前に、下瀬はそのピクリン酸を特殊な液体に溶かし込んで砲弾に流し入れる事で、過敏なピクリン酸を砲弾に詰めることに成功した。

　バルチック艦隊を発見した信濃丸に積まれていた世界一の長距離電信装置も、物理学者・木村駿吉《しゅんきち》が開発したものである。とかく軍人のみが注目されがちな日本海海戦だが、下瀬に代表される科学者、民間人も多大な貢献をしている。そういう意味では日露戦争、とりわけ日本海海戦が「国民一丸となった戦い」であったのは間違いのないところだと思う。

下瀬火薬

　しかし、国民全員が日露戦争に賛同していた訳ではなかった。幸徳秋水《こうとくしゅうすい》に代表される非戦論者はもとより、乏しい国家予算の四割近くを海軍増強にかたむけた負担は、すべて国民に背負わされている。また、ロシアとの講和の後に日清戦争の時のように賠償金が取れなかった事で暴動が起きた（日比谷焼き討ち事件）のも、重税に耐えての勝利が空しいものである事への反発であった。スタジオで半藤さんが指摘していたように、政府は講和の実状を国民に知らせていないから、国民の不満をただ押さえ込むしか無かった。このあたりから国民と政府、軍との距離が出てきたように思う。日本はこのあと大正の政党政治の時代になり、国民による政府ができるかに見えて挫折するのは、この国民と政府の距離が原因の一つではないだろうか。日本海海戦の勝利は、明治以来現在まで続く日本という国の歴史の中で、本当に大きな転回点だと実感する。日本海海戦の主役となり、昭和海軍の軍神として君臨した東郷平八郎は、国民との距離をどう考えていたんだろうか。

横須賀の料亭「小松」は、旧海軍関係者ならば知らぬ者のない店だ。東郷をはじめ、山本五十六《いそろく》など歴代の海軍人がこの料亭で箸をとっている。

現在の当主は山本直枝《なおえ》さん九一歳。生前の東郷を知る数少ない人間の一人である。東郷直筆の書がかかった部屋でインタビューに応じてくださった。

――東郷さんにお会いしたのはいつの頃ですか？

私が女学生の頃でした。当時の小松の主人だった叔母が東郷さんと親しかったので、この書をいただきに麹町《こうじまち》のお宅にうかがったのです。

――どんなお話をされましたか？

いえもう、恐れ多くて話せませんでした。私は叔母の陰でじっとしていただけです。

――どんな事を思いましたか？

ああ、この方が日本海海戦で活躍された東郷さんか、偉い人かと思うばかりでした。それ一回きりです。お会いしたのは。

――どんな方でしたか？

さあ、もうとにかく恐れ多くて……覚えていません。

山本さんの話はそれで終わりだった。インタビューを終えかけたところで、ふと最後にこう質問してみた。

――軍人である東郷さんは、粗暴な人だったんでしょうか。

いいえ、とんでもない。とても上品で、物静かな方でした。それでいて、なにか普通の人とは違う雰囲気をもっていらっしゃったです。あんな方はいません。

現役を引退後も海軍のカリスマであった東郷。日本海海戦以後の日本海軍が辿《たど》った道について、本当はどう考えていたのか。残された史料はない。

日本海海戦関連年表

1894年(明治27)	8／1	日清戦争始まる
1895年(明治28)	4／17	日清講和条約（下関条約）調印
1897年(明治30)	12／15	ロシア艦隊、旅順に入港
1899年(明治32)	3月	義和団蜂起
	3／29	ロシア、大連・旅順港の租借権獲得
1900年(明治33)	8／14	日・英・米・仏・露・独など連合軍、義和団鎮圧
1902年(明治35)	1／30	日英同盟調印
1903年(明治36)	4／18	駐清ロシア公使、満州撤兵に関する7カ条の新要求を清国に提出（清国、拒否）
	5月	ロシア軍、朝鮮半島・鴨緑江を越え南下
	10／6	第1回日露会談（5回の会談を行うが、不調）
	10／8	ロシア軍、奉天省城を占領
	12／28	東郷平八郎が司令長官となる連合艦隊編成
1904年(明治37)	2／4	御前会議でロシアとの国交断絶を決定
	2／6	小村外相、ローゼン公使に日露交渉打ち切りを通告
	2／8	連合艦隊、旅順港夜襲
	2／10	日本、ロシアに宣戦（日露戦争）布告
	4／30	ロシア、バルチック艦隊編成
	6／15	ウラジオストック艦隊、陸軍運送船撃沈
	8／10	黄海海戦
	8／14	蔚山（ウルサン）沖海戦
	10／15	バルチック艦隊、ロシアを出航
1905年(明治38)	1／1	旅順のロシア軍降伏
	2／22	奉天会戦
	5／27	日本海海戦
	9／5	ポーツマスで日露講和条約調印 日比谷公園で無賠償の講和反対国民大会開催、焼き討ち事件に発展
	10／27	連合艦隊解散

【専門家・作家による参考文献案内】

二宮隆雄

『坂の上の雲』（一〜八）

司馬遼太郎／文春文庫

本書は、日露戦争の名将・名参謀の秋山兄弟と、歌人正岡子規を軸に、明治という日本の転換期を描いた大叙情詩である。

新生日本の命題は、富国強兵による国家の安定であった。そのためにイギリスと同盟してロシアと戦うか。ロシアと和睦してイギリスと対抗するか。この国策をめぐって日本の政治家、外交官、軍人たちは混迷を深めた。

そういう時代を背景に、若者たちの生き方を活写した一〜八巻の大長編だが、日本海海戦を中心にするなら七、八巻を読まれたい。バルチック艦隊に対する日本海軍の動揺と決断が書き込まれ、国家の命運を担って迎撃に向かう連合艦隊の姿が感動的に描かれている。

『日露戦争』

古谷哲夫／中公新書

本書は、バルチック艦隊を撃滅した東郷平八郎の日本海海戦や、乃木《のぎ》将軍の旅順攻略戦など、日露戦争の華々しい話題に彩られた外面ではなく、世界列強との関わりの中で、日露戦争の実態と本質を理解するために必要な事実と問題点がわかりやすく書かれている。

中国での利権をねらい、満州に進出してきたロシアを脅威と感じた日本は、日英同盟をテコにして出兵する。満州が主戦場となり、初期の制海権（旅順）の確保に失敗した日本は、日本海海戦に国運を賭けて勝利する。

だが問題はロシアとの講和とその条件だった。アメリカなど列強各国の思惑が入り混じり、日本は植民地問題を含めて荒波に翻弄《ほんろう》されていく。


『日本海海戦の真実』

野村實／講談社現代新書

本書は、日本海海戦の勝利――つまり日本連合艦隊が、バルチック艦隊の通過コースを予測し、世界の誰もが考えなかった敵前大回頭の「丁字戦法」で、敵艦隊を撃滅した事実の舞台裏に迫り、別の真実を追っていく。

注目すべき点は、司馬遼太郎の『坂の上の雲』を頻繁《ひんぱん》に引き合いに出して反論している。たとえば「丁字戦法」を創案したのは秋山真之でないとし、通過コースの予測にしても、東郷平八郎が対馬海峡を通ると確信して「ここで待とう」と言った点に言及し、その事実とは異なる別の事実を提示する。歴史を見るのにさまざまな視点があってよいと思うが、本書もそうした斬新な視点で、日本海海戦に切りこんでいく面白さがある。

（にのみや　たかお／作家／著書『覇王の海　海将九鬼嘉隆』『雑賀孫市』『小沢治三郎』『海援隊烈風録』『蓮如』ほか）

その他、関連参考文献

『天気晴朗ナレドモ波高シ』（三野正洋／ＰＨＰ研究所）、『日清・日露戦争』（井口利起／吉川弘文館）『破壊～バルチック艦隊の最後～』（セミョーノフ／原書房）、『バルチック艦隊』（大江志乃夫／中公新書）『山屋他人』（藤井茂／盛岡タイムス社）、『図説　東郷平八郎』（東郷神社・東郷会）、『東郷平八郎』（米沢藤良／新人物往来社）

世紀の対決、沢村対ベーブ・ルース

日本プロ野球誕生の時

［その時、一九三四年（昭和九）一一月二〇日午後二時〜三時三〇分］

満州事変が勃発し、
太平洋戦争に向かって突き進んでいた昭和九年(一九三四)、
日本はアメリカから大リーグ選抜チームを招聘《しょうへい》し
親善試合を開催する。
圧倒的な連戦連敗の中、ただ一人、
ベーブ・ルースをはじめとするスター選手と
互角に渡り合い、
快投を演じた投手がいた。
沢村栄治《えいじ》一七歳。
彼が九つの三振を奪い、
わずか一点に抑えた静岡での試合は、
人々に感動を与え、
同年末のプロ野球創設に繋《つな》がった。
日本にプロ野球の真の魅力を伝えた伝説的な試合に迫る。

〈ゲスト〉

池井　優（いけい　まさる）

1935年東京都生まれ、慶応義塾大学大学院博士課程修了後にコロンビア大学に留学し、慶応義塾大学法学部教授に就任し現在は名誉教授。専門は国際政治学・外交史であるが、論壇では日米野球の批評で名高い。日米野球を比較して「野球とベースボール」の楽しさを語るとともに、そこに現れる現象に日米関係を読み取る鋭い批評眼を示している。著書に『野球と日本人』、『女子学生興国論』などがある。

日米野球開催まで

満州事変以降の日本

昭和六年（一九三一）九月一八日、奉天《ほうてん》（中国東北部、現在の瀋陽《しんよう》〔シェンヤン〕）郊外、満鉄線の走る柳条湖《りゅうじょうこ》で爆破事件が起こった。日本の新聞は、中国兵の暴挙と報道した。日本が太平洋戦争へと向かっていく満州事変の発端である。しかし、この爆破は、関東軍の謀略であった。日本軍は、事件を口実に中国東北部へ進出、またたくまに周辺を支配下におさめた。

アメリカは、日本の中国大陸への進出を強く非難。国際連盟理事会でも、満州撤兵勧告案が可決された。

国内では、軍部の暴走はおさまらず、犬養毅《いぬかいつよし》首相をはじめ、政府要人

満州事変
一九三一年（昭和六）満州の柳条湖で満鉄（南満州鉄道）爆破事件をきっかけとして起こった日本と中国間の武力衝突。これによって国内には軍事ファシズムが台頭し、国際的に孤立し太平洋戦争への出発点となった。

関東軍
一九一九年（大正八）から一九四五年（昭和二〇）まで満州に駐留した日本陸軍の部隊。満州支配の中核をなした。司令部は旅順に置かれ、のち満州事変とともに奉天に移された。また満州国の立国後、満州の軍権を委任されたため兵力の増減、配置が自由にできるようになった。終戦決定後、解体。

犬養毅（一八五五―一九三二）
岡山県出身の政治家。一九二九年（昭和四）政友会総裁となり、三一年第二次若槻内閣崩壊後、内閣を組織した。三二年（昭和七）五・一五事件で海軍青年将校らに暗殺された。

が次々と暗殺されていく。

昭和八年（一九三三）三月、日本は国際連盟を脱退し、国際的に孤立、アメリカとの溝も深まっていった。

日米親善試合にかける外務省の期待

日米対立が深まる頃と前後し、読売新聞社社主の正力松太郎《しょうりきまつたろう》を中心に、アメリカ大リーグの選手たちを招こうという動きがでてきた。

これを積極的に後押ししたのが、日本の外務省である。

外務大臣、幣原喜重郎《しではらきじゅうろう》は、中国に対して、その主権を尊重し、内政不干渉の立場をとっていた。それだけに、満州事変以降、日本が中国に進出し、世界の中で孤立していくことに危機感を抱き、アメリカとの協調外交を主張していた。

大リーグを招くことは、アメリカとの親善に役立つと幣原は考えた。

外務省は、大リーグチームを招聘《しょうへい》するための働きかけをニューヨーク

国際連盟脱退
国際連盟は、一九三三年（昭和八）リットン調査団の報告をもとに審議に入り、満州における中国主権の確認と日本軍の撤兵を勧告した。日本代表の松岡洋右（ようすけ）は調査報告書反対の声明を行って退場した。日本は陸軍の強硬論に押されて連盟を脱退し、国際社会で孤立することとなった。

正力松太郎（一八八五—一九六九）
昭和初期の実業家、政治家。富山県出身。警視庁を経て、読売新聞社社長に就任。昭和六、九年にアメリカ選抜チームを招いた。昭和九年には読売巨人軍の前身、大日本東京野球倶楽部を創設。プロ野球の発展にも貢献した。昭和三四年に野球殿堂入りした。

幣原喜重郎（一八七二—一九五一）
大正、昭和期の外交官、政治家。大阪府出身。外務次官、駐米大使を経てワシントン会議の全権大使となった。一九二四年（大正一三）以来、加藤高明、若槻礼次郎、浜口雄幸各内閣の外相として対英米

の総領事に依頼した。その時、総領事に送った電報の原文が、外務省外交史料館に残されている。
　電報には、是非とも招きたい選手としてベーブ・ルースの名前が記されている。

——ベーブ・ルースをぜひ取れ、以下は二流にて差し支えなし——

　大リーグは選抜チームを日本へ派遣することとなった。集められたメンバーはベーブ・ルースをはじめ、ほかでは考えられないトップクラス

外務省外交史料館蔵

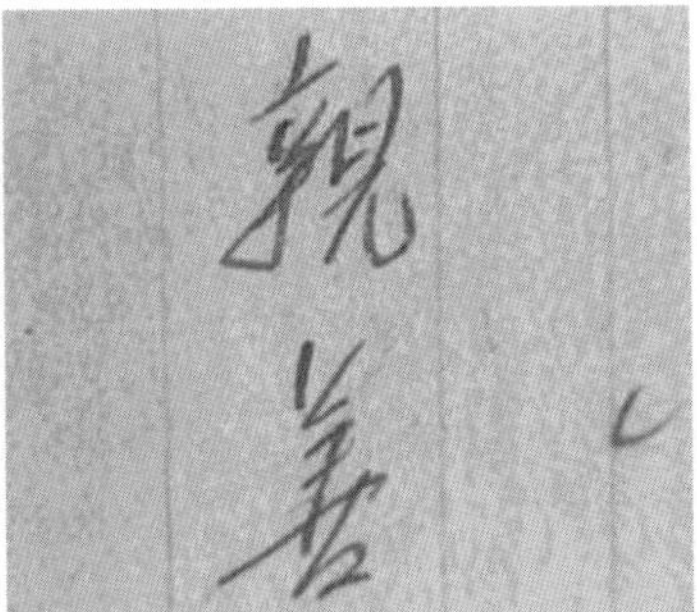

電報原文

協調外交いわゆる幣原外交を推進。終戦直後内閣を組閣して日本国憲法の制定にあたった。のちに衆議院議長となり在任中に死去。

ベーブ・ルース
（一八九五—一九四八）アメリカ・ボルチモア出身。ホームラン打者として知られているが、はじめは投手としてボストン・レッドソックスに六年間在籍して八九勝四六敗をあげた。ニューヨーク・ヤンキースに移籍後打者に転向した。大リーグ通算七一四本塁打、一シーズン六〇本塁打の大記録を残した。日米親善試合での成績は一三本塁打、打率は四割八厘。

大リーグ選抜チーム
一九三四年（昭和九）コニー・マック監督率いる全米チームは、ニューヨーク・ヤンキースのルース、ゲーリッグ、フィラデルフィア・アスレティックスのフォックス、デトロイト・タイガースのゲリンジャーと、のちに野球殿堂入りするメンバー一六人を含んで編成。

の選手たちだった。

一方、日本にはまだプロ野球はなかった。当時盛んだったのは中等学校野球（今日の高校野球）や早慶戦に代表される大学野球である。それはストイックなまでに精神性を追求したスポーツだった。

親善とはいえ、興行としても成功しなくてはならない日米野球。さまざまな思惑を絡めて編成された全日本チームの中に、京都商業五年生の区切りをつけてきた沢村栄治《えいじ》選手がいた。

親善試合に込められた外務省の期待と、この試合が、どれだけ日本国民を感動させたか、外交史が専門ながら、大変な野球通で、大リーグにも精通されている池井優さんにお話をうかがった。

――いやあ、沢村栄治。当時一七歳。昭和初期ですから、今ほど野球の技術が確立されていないにしても、京都商業時代に一人で一六回を投げ抜いて奪三振三六。これはもうとんでもない数字だなあと思いますけれど、池井さんは、沢村選手をどういうふうにご覧になりますか。

全日本チーム　大リーグ選抜チームと対戦できるのはプロチームと限定されていたので、当時の全日本チームが日本初のプロ球団となった。監督は市川忠男、三宅大輔。このチームは一九三五年（昭和一〇）渡米し、「東京ジャイアンツ」のニックネームをもらった。のちに読売巨人軍となる。

沢村栄治（一九一七―一九四四）　創生期の日本プロ野球を代表する伝説的な名投手。右投左打。三重県伊勢市に生まれ、京都商業に学んだのち、一九三四年（昭和九）全日本チームに参加。快速球とカーブを武器に大リーグ選抜チームとの対戦で奮戦し、「スクールボーイ・サワムラ」の異名をとった。その後初のプロ野球チーム大日本東京野球倶楽部に入団し、一九三六年プロ野球初のノーヒット・ノーランを達成した。その後も二回達成。通算成績は六二勝二二敗。第二次世界大戦中に台湾沖で戦死した。一九五九年（昭和三四）野球殿堂入りした。

池井　やっぱり日本野球が生んだ最高のピッチャーのひとりですよね。とにかくあの伸びのある快速球です。今のピッチャーは、やれフォークボールだカーブだ、スライダーだシュートだといろんなボールを投げますけれど、沢村は伸びる快速球と縦に割れるカーブ。この二種類だけですからね。これで抑えきったということは、よほどのスピードがあったということです。「手元へ二段に伸びる気がした」と当時のバッターは言っていますけれどね。あの足をピーッと高く上げるフォーム。いまどきああいうピッチャーはいないですよね。

――マサカリ投法とは違いますけど、村田兆治《ちょうじ》と似ていませんかね。

池井　ちょっと似ているかもしれません。あとはかつて巨人にいた西本聖《たかし》さん。しかしこんなに足をあげないですよね。

――星飛雄馬《ひゅうま》じゃないかと思うほどの、まさに大リーグボール。

池井　投げ下ろしの快速球でしょうね。よほど足腰が強くて体のバランスがよくないとだめですよね。

――京都商業時代にバッテリーを組んでいた山口千万石《せんまんごく》さんは、沢村の

村田兆治
広島県出身。福山電波工校卒業後、当時の東京ロッテに入団し、一九九〇年（平成二）まで投手として活躍した。一九七一年にフォームを改造し、上から大胆に投げおろす「マサカリ投法」をあみ出した。通算六〇四試合に出場し、二一五勝一七七敗三三セーブをあげた。最優秀防御率三回、最多勝一回、最多セーブ一回、ベストナイン一回などの記録を残している。

西本聖
愛媛県出身。一九七四年（昭和四九）長島茂雄監督率いる読売巨人軍入団。藤田ジャイアンツの時には一八勝をあげて日本一に貢献し、沢村賞を受賞した。一九八八年（昭和六三）中日ドラゴンズに移籍し二〇勝をあげて最多勝のタイトルをとった。一九九四（平成六）引退。通算成績は一六五勝一二八敗一七セーブ。

京都商業時代の沢村と山口千万石氏
山口千万石氏提供

京都商業
京都にある高校野球の名門校（現在は京都学園高等学校）。一九三〇年（昭和五）野球部創部。三三年（昭和八）の選抜では沢村栄治―山口千万石バッテリーで初出場。ベスト八まで進み、準々決勝で明石中（兵庫県）に敗れた。翌九年も同じバッテリーで春夏連続出場し、選抜は二回戦で再び明石中に敗れ、夏は一回戦で鳥取一中（鳥取県）に敗れた。

球があまりにも速いために、指のケガがたえなくて、ついには、指が曲がってしまったと言っておられます。

池井　落差があるから、球のスピードもつく。ミットで構えても、構えている以上に球がギュッと伸びるから、弾かれてしまうんでしょうね。

山口千万石氏提供

沢村栄治

野球王ベーブ・ルース

――一方、ベーブ・ルースですが、とにかく野球王と言ってもいいですよね、世界の。本当に野球を知らない人でも、ベーブ・ルースの名前は知っているんじゃないですかね。

池井　これはやっぱり野球の天才でしょうね。

ベーブ・ルースというと、ホームランバッターという印象なんですけれど、ボストン・レッドソックスのときに、ずっとピッチャーでして、かつてはワールドシリーズでもって、得点を許さない記録を持っていたくらいなんですね。それが打撃を買われてヤンキースにトレードされてきて、ホームラン王として花開くわけです。

ベーブ・ルースが登場する以前の野球というのは、ヒットエンドランだ、バントだ、盗塁だと難しかったんですよね。

ところが、ベーブ・ルースは、カーンと一発打って、ランナーが二人

ヤンキース
一九〇一年（明治三四）にニューヨークに創設されたアメリカン・リーグの伝統ある野球チーム。一九二〇年（大正九）にベーブ・ルースが入団した。ルースのホームラン目当ての観客を多数動員して莫大な収益をあげ、ベースボールの聖地とでもいうべきヤンキー・スタジアムを完成させた。別名「ルースが建てた家」とも呼ばれる。一九九九年（平成一一）には通算二五回目のワールドシリーズ優勝に輝いている。

いれば、これがスリーランホームランで三点入るんだと、野球というものを大衆化した。

それに加えてファンサービス。これは意識してやっているんじゃなくて、子どもが大好きでね。

彼が子どもとか婦人たちに野球を広めた功績は大きいと思うんですよ。

——人柄もいいんですよね。重病の子を見舞って、その子のためにホームランを打つ約束をしたり。

池井　そしてまた、約束どおりホームランを打ちましたからね。スターでアイドルで、ご存知のように団子鼻《だんご》でもって大食漢でユーモアのセンスにあふれていてね。とにかくファンに愛される要素というものを兼ね備えていた選手じゃないですかね。

京都商業時代の沢村（後列中央）

山口千万石氏提供

沢村とルースの生い立ち

病弱な少年が全国一の投手に

沢村栄治は、大正六年（一九一七）二月一日、三重県の伊勢市に生まれた。

子どもの頃は病気がちで、家に引きこもることの多い少年だった。

栄治が野球の魅力を知ったのは、小学四年生の時。当時通っていた小学校の野球部の対抗試合を観た栄治は、熱戦を目《ま》のあたりにしてこう言った。

「オイはボールを投げるんや」

その後沢村は京都商業に進学、一年生からエースとして活躍。伸びのある快速球、大きく割れるカーブを駆使して、相手方の選手をなぎ倒していった。

地区予選では、延長一六回を投げて三六個もの三振を奪うという大記録を打ち立てる。

甲子園にも二回出場。全国一の投手という評価を受けるまでになった。

不良少年だったルース

ベーブ・ルースは本名をジョージ・ハーマン・ルースといい一八九五年（明治二八年）アメリカ、ボルチモア市の酒場の息子として生まれた。

あらくれ男たちにかこまれて育ったジョージは、一〇歳にもならぬうちから、いっぱしの不良を気取るありさまだった。

息子のわんぱくぶりを案じた母親は、当時みなしごや不良少年たちを集めて教育していた、セント・メリー工業学校にジョージを預けた。セント・メリー学校で、ジョージはひとりの教師と出会う。

マシアス先生。彼の将来を決定した出会いである。

ジョージが野球に興味を覚えたことから、マシアス先生は野球を通してジョージを更生させようとしたのである。

ジョージはじきに学校の花形選手となった。

その評判を聞きつけたプロ野球の監督がいた。マイナーリーグの優勝チーム、ボルチモア・オリオールズの名監督ジャック・ダンである。

一九一四年（大正三）、プロ野球選手ベーブ・ルースが誕生した。

ピッチャーとして好成績をあげたルースは、大リーグのレッドソックスに移籍、打者としてのトレーニングにはげむことになる。そしてヤンキースに望まれ、住みなれたボストンを離れ、ニューヨークへ移ったのだった。

対決までの道のり

ベーブ・ルースの苦悩

一九三四年（昭和九年）のシリーズが終わると、ルースは力の衰えを自覚するようになった。現役の選手を引退したあとは、ヤンキースの監督に就任する希望のあったルースに、球団の会長は、マイナーチームの監督になるよう促したのだった。

「きみが立派な選手だということは知っている。しかし誰も監督としてのきみを知らないのだ」

会長はそうルースに言った。

ヤンキースでの監督就任の話が暗礁に乗り上げ、神経質になっていたルースのもとへ、一人の日本人が訪ねてきた。日米野球を企画した正力が派遣した鈴木惣太郎《そうたろう》。後のセ・リーグ顧問である。

この時、ルースは散髪の最中だった。

鈴木は必死でルースを説得した。しかしルースは「日本へは行かない」の一点張りだった。

鈴木は一枚のポスターをルースに見せた。ポスターは、日米野球の宣伝用につくられたもので、真ん中には大きく描かれたルースの似顔絵。

(財)野球体育博物館蔵

日米親善野球ポスター

鈴木惣太郎（一八九〇―一九八二）日本のプロ野球創設に大きな役割を果たした一人。群馬県出身。早大中退後コロンビア大学で学び、帰国後読売新聞社に入ってアメリカ野球評論に健筆をふるった。日米親善試合の交流に尽力し、東京巨人軍のアメリカ遠征を実現させ、日本プロ野球にとっての「地の塩」となった。一九六八年（昭和四三）野球殿堂入りした。

一枚のポスター ベーブ・ルースに来日を決心させたと伝えられる、日米親善野球の宣伝ポスター。ベーブ・ルースの似顔絵が大きく描かれている。野球体育博物館に展示されている。

昭和初期の早慶戦

ポスターを見たルースは、突然笑い出し、こう答えた。
「OK！　日本に行こう」

全日本チームへの参加が危ぶまれた沢村

沢村は慶応大学への進学を望んでいた。当時大人気の学生野球で、慶応は早稲田と並んで花形だった。
それに対し、興行目的でプロと戦う全日本に入ることは、健全なスポーツを見せ物にするという悪いイメージでとらえられていた。
しかし沢村は、七人の兄弟を抱える家の経済事情を考え、慶応進学を断念、全日本入りを表明する。

――この決断をどう思いますか。

池井　当時プロ野球というのはありませんから、六大学は、とにかく早慶を中心に天下分け目の早慶戦というくらい、天下の人気を二分していたわけなんです。

その頃はプロで野球をやるというのは野球の商売人ということでもって、非常に蔑《さげす》まれていたようなところがあるんですね。

ですから相当本人は悩んだと思いますね。お祖父《じい》さんの「栄治、お前やれ」というアドバイスがあったと聞いていますが、沢村が全日本に参加しようと思った決意の一端には、ベーブ・ルースとの対決という、あの人とやれるんだということがあったんじゃないでしょうか。

——沢村の野球帳には、六大学選手の最後にベーブ・ルースの切り抜きが貼ってあったり、バットの横に「ベーブ」と書いてあったり。

池井　ちょうど野茂選手が日本にいたとき、ロジャー・クレメンスという快速球投手の写真をロッカーの中に貼っていたというのと、ちょっと似たところがありますね。やっぱり、非常な憧れだったんでしょうね。

——大学野球というのは、彼の目標であったかもしれないけれど、夢は別にあったという。

池井　そうですね、これはまさに究極の夢だったんじゃないでしょうか。

沢村の野球帳

ロジャー・クレメンス
一九八三年（昭和五八）テキサス大学からレッドソックスに入団。八六年、九八年の二回、一試合二〇奪三振の大リーグ記録を持っている。一〇〇マイル（一六〇キロ）近くにおよぶスピードボールは、「ロケット」とも呼ばれている。一九九九年ヤンキースに移籍。

日米親善野球開幕

日本中を熱狂させた大リーグチーム

昭和九年（一九三四）一一月二日、サンフランシスコから、エンプレス・オブ・ジャパン号に乗った大リーグ選抜チームが来日。ベーブ・ルースをはじめとする大リーグチームは、横浜港に降り立った。

その時ベーブ・ルースたちは、驚くべき光景を目にした。あたり一面が人の群れ！　ルースたちを歓迎しようと、二〇万人もの人々が詰めかけていたのだった。

人波の後ろに『ようこそいらっしゃいました　ホームラン王ベーブ・

エンプレス・オブ・ジャパン号
戦前、北太平洋横断に使用されたカナディアン・パシフィックライン所属の大型高速客船。一九三一年（昭和六）横浜〜ヴィクトリア間を、七日二〇時間一六分（平均速力二二、三ノット）で走破、商船の記録を塗り替えた。ベーブ・ルースは日米野球の旅の途上、率先してこの船中での練習を重ねたという。船は、一九六六年（昭和四一）火災のため解体。

よこはま（横浜）訓盲院
一八八九年（明治二二）アメリカ人宣教師ドレーパーによって設立された日本では草分けの盲児施設。一九二〇年（大正九）に今村幾太が経営を継承。今村園長自ら円タク（タクシー）で日銭を稼ぎそのお金で帰りに子どもたちと食べる米を購入したり、民間航空事業を行って経営難を支えたというエピソードが残っている。

ベーブ・ルース来日を歓迎する市民

ルース』と書いた大きなのぼりを掲げた少年たちがいた。目の不自由な「よこはま訓盲院」の少年たちだった。

通訳が説明すると、ルースは人々をかき分け、少年たちに近づいた。そして一人を抱き上げると、こう言った。

「ルースおじさんだよ。さわってごらん」

チームの仲間たちも輪に加わり、少年たちと握手をかわす。

そうした場面に、集まった人々の歓声はますます高まるのだった。

歓迎パレードに詰めかけた人の波は、東京駅からホテルまで途切れることはなかった。

ルースはこう言った。

「こんな歓迎は大統領でさえ受けることはない。日本に来て本当によかった」

神宮球場
東京都渋谷区明治神宮外苑内にある野球場。一九二六年（大正一五）に建設された。収容人員は五万二〇〇〇人。現在はプロ野球のほか東京六大学リーグ戦などが行われている。

沢村、打ち込まれる

日本では、東京、函館、仙台、富山、横浜、静岡、名古屋、大阪、小倉、京都、大宮、宇都宮と全国を回って一八試合。

初戦は神宮球場だった。

一一月四日、神宮球場は、早朝から押すな押すなの人の波。広いスタンドはたちまちぎっしりと埋め尽くされた。

そしてついに日本中が待ち望んでいた瞬間が訪れる。ベーブ・ルースがその勇姿を左バッターボックスに現したのだった。

大リーグチームは、いきなり力の差を見せつけた。パワフルなスイングからはじき出される打球の鋭さ、飛距離のすごさは全日本を圧倒した。

その後も大リーグチームは日本を寄せつけず、日本はたちまち四連敗。

昭和九年一〇月一五日（谷津球場）
日米野球練習中の沢村投手
㈱ベースボール・マガジン社提供

全日本の一番打者として日米野球に参加していた、日本高等学校野球連盟会長の牧野直隆さんは、当時の心境をこう語る。

「今日は勝ってやろう！」という気持ちが、さほど起きなかったですね。ようするに、グランドに出たら、いろんな面で教えてもらいたいと。あの頃の日本の野球というのは、あんまり大振りしていないんです。その後、ずっとスイングをしっかりやるようになったんですけれど。そういった点で、ベーブ・ルースのホームランは、勉強になりました。

一一月一〇日、神宮球場で第五戦が行われた。

全日本の先発は、周囲の期待を一身に背負った沢村栄治。

沢村は打たれた。一二安打、ホームラン三本を浴び、一〇対〇で惨敗を喫した。投手、沢村栄治、初めて味わう屈辱だった。

その後も大リーグの猛攻は続き、全日本は九連敗。

ベーブ・ルースはその間に一〇本のホームランを打ち、日本の観客を驚かせた。

「取るつもりなら、一試合に五〇点は取れるよ」

のちに行われる雨の試合では、傘をさして守備につくなど、茶目っ気たっぷりにファンサービス。全日本チームを相手にルースは、第一〇戦をのぞいて余裕たっぷりだった。

㈱ベースボール・マガジン社提供

ルース傘をさしての試合

日米・野球観の違い

一方その頃、沢村は、再び大リーグチームと対決する日に備え、黙々と走りこみを続けていた。

沢村は、初登板の試合で敗れた後、大リーグの選手からアドバイスを受けていた。

「選手は肩を休めることも必要で、絶対に無駄な球を投げてはいけない」

それまで沢村は、試合の直前でも三〇〇球近くを投げ込む激しい練習を続けていた。

沢村は、アドバイスに半信半疑ながらも、次の試合までの六日間、肩を休めることにした。

そして一一月二〇日。沢村とルースが再び対決する日は間近に迫っていた。

――沢村は、大リーグの選手から、肩を使い過ぎだというアドバイスを受けたというんですね。

池井 まあ、戦前の日本野球というのは、とにかくピッチャーは毎日投げるものだと。で、試合にも連投を辞さず。これが美学だったわけです。

アメリカとしては、この一七歳の将来有望なピッチャーが投げ過ぎでもって早く潰れてしまうのは惜しい、という配慮もあったんだろうと思いますね。試合前に三〇〇球投げるというのは、もうアメリカ的表現だとクレージーですからね。

――私の記憶する限りでも、好調な投手のローテーションなんかあってないような。たとえば稲尾《いなお》・稲尾・稲尾・雨・稲尾というところがありましたよね。

池井 ありましたね、四二勝したことが。それから杉浦投手が日本シリーズ四連投とかね。

――最近では、松坂選手もね。

稲尾和久
大分県出身。別府緑ヶ丘高校卒業後、一九五六年（昭和三一）西鉄ライオンズ（現西武ライオンズ）に入団。その活躍ぶりから「神様・仏様・稲尾様」と称された。通算七五六試合に出場し、二七六勝一三七敗の成績を残している。新人王、最優秀防御率五回、最多勝四回、MVP二回、ベストナイン五回。一九九三年（平成五）野球殿堂入りした。

杉浦忠
立教大学から南海に入団。一九五九年（昭和三四）巨人を相手にした日本シリーズでは、第一試合から第四試合まで連続登板して四連勝、優勝をもたらしている。第四試合目の登板となると、ボールに血を滲ませながら投げていたという。一九九五年（平成七）野球殿堂入りした。

ルー・ゲーリッグ

（一九〇三－一九四一）ニューヨーク・ヤンキースの名一塁手、左投左打の長距離打者として活躍した。また連続二一三〇試合に出場し、その耐久力から「アイアン・ホース（鉄の馬）」と呼ばれた。一〇シーズンにわたり三番ルース、四番ゲーリッグのコンビを組んだが、三七歳の若さでこの世を去った。一九三九年（昭和一四）野球殿堂入りした。

ジミー・フォックス

（一九〇七－一九六七）パワフルなバットスイングで人々を魅了した右投右打のバッター。一八二メートルはあったという超特大本塁打を放ったと言われている。大リーグ生活二〇年のうち、前半はフィラデルフィア・アスレティックスで、後半はボストン・レッドソックスで活躍し、「右のベーブ・ルース」と呼ばれた。

池井　一昨年でしたか、甲子園大会で延長一七回投げて、翌日また二回投げて、そして決勝戦で投げた。こういうことは、アメリカ的常識では考えられなかったんでしょうね。

――このアドバイス、沢村自身はどういうふうに受け止めていたんでしょうかね。

池井　沢村自身は日本野球の風土に染まっていましたから、そうかな？と思いながらも、全面的な納得はしかねたでしょうね。ただし、滅多打《めったう》ちにあったということで、多少の反省はあったと思いますね。走りこんで次に備えることで、精神的な準備はかなりできたでしょう。

――いよいよ、一一月二〇日がやってまいります。運命の試合の時なんですけれども、この時のアメリカチームのラインアップをご紹介しましょう。一番ショート・マクネアーから、九番ピッチャー・ホワイトヒルまで。特に三・四・五。クリーンアップですね。

まず、三番・ベーブ・ルース。ホームラン王一二回。過去七一四本の生涯ホームランを打っているというルースが三番。

四番・ゲーリッグ。彼はこの年のホームラン王。これは四九本でしたか。それとリーディングヒッター。三冠王です。
五番・ジミー・フォックス。この年のホームランは四四本で、ゲーリッグにホームラン王を渡しますけれど、その前二年連続でホームラン王になっているんですね。二番のゲリンジャーも合わせると、四人で年間一四五本のホームランですよ。誰が四番を打ってもおかしくないという。

池井　やっぱり凄いチームですよね。ちょうど今でいうと、マグワイア、ソーサ、ケン・グリフィー・ジュニア、これがクリーンアップを組んだみたいなものですね。

——さあ、いよいよ世紀の対決です。

マーク・マグワイア
カリフォルニア州出身。一塁手としてアスレティックスで活躍している。一九九八年（平成一〇）には前人未到と思われた一シーズン七〇本塁打を記録し、一九六一年（昭和三六）にヤンキースのロジャー・マリスの打ち立てた六一本塁打を抜いた。今や大リーグ史上最高のホームラン打者と称されている。

サミー・ソーサ
一九八五年（昭和六〇）一六歳でレンジャースと契約し、一九九二年（平成四）カブスに移籍して才能が開花した外野手。一九九八年歴代二位の六六本塁打を放ち、大リーグ最多の一五八打点でナショナル・リーグのMVPに輝いた。一九九九年に新設されたハンク・アーロン賞受賞。出身のドミニカ共和国の国民的ヒーローでもある。

ケン・グリフィー・ジュニア
一九八七年（昭和六二）マリナーズに入団し、二〇〇〇年（平成一二）にレッズに移籍した外野手。怪我に見舞われながらも抜群のセンスで好成績を残すメジャー屈指のセンターである。

草薙球場

昭和九年一一月二〇日・世紀の試合

沢村・草薙《くさなぎ》球場の快投

昭和九年一一月二〇日。日米野球の第一〇戦は、静岡で行われた。全日本チームには、まだ一つの勝ち星もない。

ベーブ・ルースたちは、静岡に向かう車中から富士山を見て大はしゃぎ。観光気分に浮かれながら静岡にのりこんできたのだった。

試合が行われたのは、草薙球場だった。

午後二時、試合開始。全日本の先発を任されたのは、沢村栄治。

試合の様子は、ラジオによって中継され、日本全国の人々が固唾《かたず》を呑んで聞き入った。

さあ日米野球の第一〇戦。いよいよ試合開始であります。

沢村は、まず一番のマクネアーをレフトフライ。

ワンアウトランナーなし。続くバッターは二番のゲリンジャー。

打ち気満々の様子。

ピッチャー沢村、大きく振りかぶって、ツーナッシング第三球を投げました。

ストライク！　三振！　三球三振です！　ツーアウト！

十分休養を取ってこの日を迎えた沢村。ボールの威力が前の試合より、はるかに増している。

そして、ベーブ・ルースを打席に迎えた。

マウンド上の沢村、ゆっくり振りかぶって、大きく足を上げた！

第一球投げました。
ストライク！　見逃し。

ワンストライク・ノーボール。
ピッチャー沢村、ワンナッシングから第二球投げました。
ボール。低め外れてボールです。

ワンストライク・ワンボール。
沢村、第三球投げました。胸元の速球。
打った！　打った！　三塁線ファール！
ルース押されています。沢村の速球に押されています。

カウントはツーストライク・ワンボール
さあ注目の四球目！
空振り！　空振り！　ベーブ・ルース、空振りの三振！

沢村にとって憧れの存在だったベーブ・ルース。沢村は、そのルースからついに三振を奪ったのだ。

沢村は、続く四番ヤンキースの主砲ルー・ゲーリッグ、五番のフォックスからも連続奪三振。大リーグを代表する強打者たちを相手に、一回から通算して四連続三振に切って取った。

大リーグのベンチは静まり返った。当時大リーグでは、九回を投げて六個の三振を取れば好投といわれていた。沢村はスーパースターたちを相手に、二回で四つもの三振を奪ったのだ。

その後も沢村は好投を続ける。

五回を終えて、奪った三振は七個。打たれたヒットはわずかに一本だけだった。

ルースの反撃

沢村の好投に驚いたルースは、なんとか沢村を攻略しようと必死に考えた。

——大リーガーの我々が、日本のスクールボーイに負けられるか！——

六回裏、ルースは突然ベンチから叫んだ。

「ドロップの曲がりっぱなを叩け！」

曲がりながら落ちるドロップは、速球よりもスピードが遅く、曲がりっぱなを叩けば、あたる確率の高い球種だった。

沢村がいつドロップを投げるのか。それを見極めるためにルースは沢村の投げ方をじっと見つめた。そして、ルースは気づいた。

——沢村は、ドロップを投げる時、口をへの字に曲げている——

七回の裏、沢村の癖を見破ったルースは自信満々で打席に入った。


七回の裏、全日本のピッチャー沢村、打席に三番ベーブ・ルースを迎えております。

マウンド上の沢村、ゆっくり振りかぶって足を大きく上げた。

第一球を投げました。

打った！　打った！　ピッチャーゴロ！　ピッチャーゴロです。

沢村取った。ゆっくり一塁に送った。

アウト！　アウト！

沢村、またもベーブ・ルースを打ち取りました。


ルースは、沢村がドロップを投げる時に、口をへの字に曲げる癖を見ぬいていた。それなのになぜあっさりと打ち取られてしまったのか。

実は太陽がちょっとした悪戯《いたずら》をしていたのだ。

このとき、時刻は午後三時を回り、太陽はライトスタンドの後方に傾いていた。太陽の光はバッターにとって逆光で、沢村投手の表情を読み取りにくくしていたのだった。

ルースは、沢村の癖を次の打者ゲーリッグに伝えた。

ゲーリッグは、ルースから教わった沢村の癖を見極めるために工夫を凝らした。帽子を深く被って、太陽光線を遮《さえぎ》ったのだ。

沢村が二球目を投げた瞬間、口がへの字に曲がった。

●草薙球場　資料探索

県営草薙（静岡）球場。収容人数3万人。沢村がベーブルースから三振を取ったときの球場として知られる。球場の位置がすこし移動したものの、当時のホームベースの位置が同球場事務所の玄関ホールになり、記念としてそのまま残されている。
静岡県静岡市栗原19―1
TEL054―261―9265
静鉄「運動場前」駅から徒歩5分

ゲーリッグは、ドロップの曲がりっぱなを力いっぱい叩いた。


打った！　大きい！　右中間！

打球はグーンと伸びる！　伸びる！　ライト、センター追った！

ライト追った！　センター追った！　ずっと追った！

ライト、センター見上げた！

入った！　入った！

ホームラン！　ホームラン！

沢村、ついに打たれました！


それまで日本チームを侮っていた大リーグチームが、一七歳の少年投手沢村に対し、いつのまにか真剣に勝負を挑んでいたのだった。

午後三時半。試合は終わった。

沢村の投球は九一球。沢村が与えた得点は、ゲーリッグのホームランによる一点だけだった。

第10戦メンバー表と成績 ／全日本VS大リーグ選抜

昭和9年(1934)11月20日午後2時～3時30分

全日本	0	0	0	0	0	0	0	0	0	0
大リーグ選抜	0	0	0	0	0	0	1	0	×	1

[全日本]	打数	安打	三振	四球
1番レフト／二出川	3	0	2	0
センター／堀尾（8回から）	0	0	0	0
2番ライト／矢島	3	2	0	1
3番ショート／苅田	4	0	0	0
4番センター／夫馬	2	0	1	1
5番ファースト／山下	2	0	1	0
6番セカンド／水原	4	0	1	0
7番キャッチャー／久慈	2	0	1	1
8番サード／新富	3	0	0	0
9番ピッチャー／沢村	3	0	2	0
9回代打／杉田屋	1	0	0	0
9回代打／井野川／代走／李	1	1	0	0
	28	3	8	3

[大リーグ選抜]	打数	安打	三振	四球
1番ショート／マクネアー	4	1	0	0
2番セカンド／ゲリンジャー	4	0	1	0
3番ファースト／ルース	3	1	1	0
4番レフト／ゲーリッグ	3	1	1	0
5番サード／フォックス	3	1	2	0
6番センター／エヴィレル	3	1	0	0
7番ライト／ミラー	3	0	0	0
8番キャッチャー／ヘーズ	3	0	2	0
9番ピッチャー／ホワイトヒル	2	0	2	1
	28	5	9	1

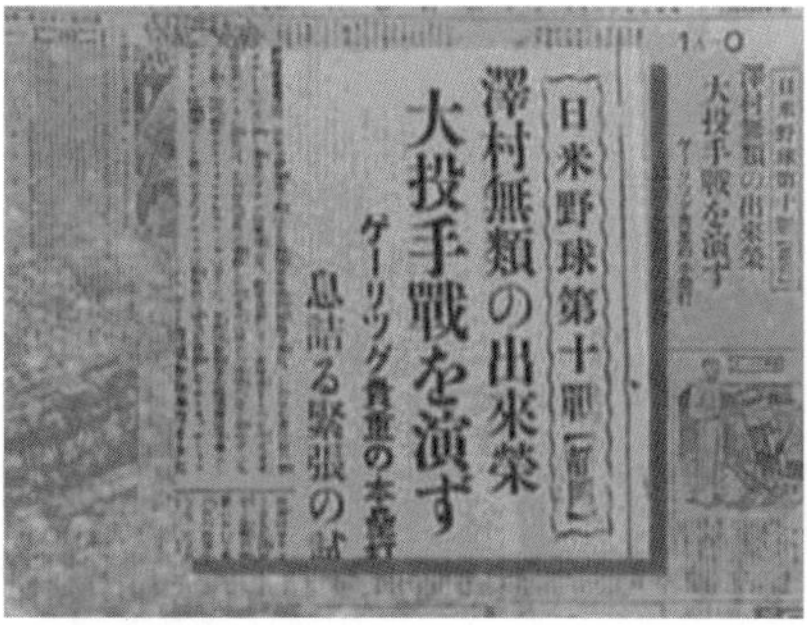
日米野球第十戰
澤村無類の出來榮
大投手戰を演ず
ゲーリッグ貴重の本壘打
息詰る緊張の

沢村を讃える当時の記事

読売新聞　昭和9年11月21日

日本プロ野球の夜明け

沢村の快投の意義

——当時の日本人の興奮ぶりがわかりますね。

池井　そうですね。今でもアメリカに行くと「スクールボーイ沢村」と言う人がいますからね。

——クリーンアップから全部三振を取って、しかもフォアボールが一つか二つ。全投球数九一。大リーグ選手相手に真っ向の勝負ですからね。アメリカの野球ファンにとっても伝説の試合になっているんでしょうね。

僕たちがその気になれば五〇点も取れると豪語していたベーブ・ルースたちが、「これ、待てよ」。こう思い出したんですから。

池井　これはやっぱり、大リーガーのメンツにかけて日本のハイスクールボーイ沢村に負けてたまるかという意地がほとばしった試合ですよ。

――こせこせする野球じゃなくて、ホームランで取って、それから沢村が三振で切ってとってと。

池井　ええ。やはりピッチャーにとっての最高の勲章は、三振を取ること。バッターにとってはホームランを打つこと。それがまさに対決したのがこの沢村対ベーブ・ルースじゃないでしょうかね。

――沢村をプロとして認めたんでしょうか。

池井　認めたんでしょうね。全米チームのコニーマック監督が鈴木さんを通じて、沢村をアメリカにやらんかと。そうしたら沢村が「ちょっと」と言って。ですからあの時ウンと言っていたら、今から六〇数年前に、村上雅則よりも野茂茂雄よりはるか前に日本人大リーガーが誕生していたかもしれませんよ。

沢村はそういう意味でもって先駆者的な存在でしたね。

――これだから後世に伝えられるんですよね。

村上雅則
日本人初の大リーガー。山梨県出身。法政二高校から南海ホークスに入団。のちに渡米し、一九六四―六五年までサンフランシスコ・ジャイアンツで名を馳せた。大リーグ通算で五四試合に出場し、五勝一敗九セーブの記録を残している。帰国後は南海、阪神、日本ハムに所属した。日本では通算五六六試合出場、一〇三勝八二敗三〇セーブの成績を残している。

大日本東京野球倶楽部
日本初期のプロ野球団体で読売巨人軍の前身。一九三四年（昭和九）の日米親善試合のために正力松太郎を中心に読売新聞社の尽力で結成された。翌年、国内に対戦チームがいなかったため市岡忠男監督以下二一名で渡米した。三か月の滞在中一一〇試合をこなし、七五勝三四敗一分を記録した。この滞在中「東京巨人」に改称した。

大阪タイガース
現在の阪神タイガースの前身。一九三六年（昭和一一）に今西社長

池井　特にこの一対〇の試合というのは、日米野球史に残る名勝負中の名勝負ですし、日本プロ野球の原点ともいえる試合でしたね。

――いや、どうもありがとうございました。

昭和九年（一九三四）一二月。全日本チームの選手を中心に、「大日本東京野球倶楽部《クラブ》」が設立された。後の読売ジャイアンツである。その中には沢村栄治の姿もあった。

以後、大阪タイガース、名古屋金鯱《きんこ》軍、東京セネタースなど続々と球団が設立された。

こうして日本にプロ野球が生まれたのである。

両国親善への期待が消える

七年後の昭和一六年（一九四一）、太平洋戦争が始まり、日米野球に込められた両国親善への期待はついえた。

を中心とする阪神電気鉄道がスポンサーとなって創設された。同年五月四日の東京セネタースとの試合で、タイガースの藤井勇選手はランニングホーマーながらプロ本塁打第一号という記録をつくった。

名古屋金鯱軍
一九三六年（昭和一一）に名古屋新聞社をスポンサーとして創設された。一九四三年（昭和一八）解散した西鉄の前身である。一九四一年（昭和一六）東京セネタースが翼と改称していたチームと合併して大洋となった。

東京セネタース
一九三六年（昭和一一）に西武鉄道がスポンサーとなって創設された野球チーム。一一月二〇日に明治神宮外苑で結成式を行った。一九四〇年（昭和一五）翼と改称して翌年名古屋金鯱軍と合併し、大洋と改称した。さらに四三年西鉄となったが同年限りで解消された。

創立当初の読売巨人軍

(財)野球体育博物館提供

野球殿堂
記録、技術はもとよりスポーツマンシップ、人格に優れ、所属チームに貢献した選手や野球界の発展に寄与した人物に贈られる。アメリカの野球殿堂は一九三九年（昭和一四）ニューヨーク州クーパースタウンに設立された。日本の野球殿堂は正式には野球体育博物館といい、一九五九年（昭和三四）に設立された。

ベーブ・ルースはこう語ったと伝えられている。

「日米野球の時、日本人は私を心からもてなしてくれた。あれほど友好的な国民を戦争に駆り立てたのは政府が悪いからだ」

日米野球の翌年、現役を引退したルースは、その後、野球殿堂入りし、今も伝説が語り継がれている。

ベーブ・ルースが世を去ったのは、一九四八年。五三歳であった。

沢村栄治は、昭和一一年（一九三六）、プロ野球の公式戦が始まると、巨人軍のエースとして活躍、巨人軍に第一回目の優勝をもたらした。そして翌一二年には、二四勝四敗で、初の最高殊勲選手となったのである。

沢村は、たびたび兵役についたため、巨人軍での実働は五年だけであった。だがその間、登板数は一〇五試合、六二勝二二敗、通算防御率は一・七一という好成績を記録した。

昭和一九年一二月、三度目の召集を受けた沢村は、台湾沖で戦死、帰

●野球体育博物館　資料探索
野球の歴史にまつわる資料が数多く収蔵、展示されている日本でゆいいつの野球専門博物館である。ルースの似顔絵入りポスターも展示されている。東京ドームの一角にある。
東京都文京区後楽1－3－61
TEL03－3811－3600
丸の内線後楽園駅から徒歩5分

沢村賞
プロ野球で、その年にもっとも活躍した投手に与えられる賞。名投手沢村栄治の功績をたたえて一九四七年（昭和二二）に制定された。

らぬ人となった。享年二七歳。

セントラル・リーグでは、彼の名を冠した「沢村賞」を制定し（現在はパ・リーグにも枠が広がっている）、優秀選手に毎年贈っており、沢村の背番号一四は、巨人軍の永久欠番である。

三重県伊勢市にある沢村栄治の墓には、生前彼が宝物と呼んでいた遺品が納められている。

ベーブ・ルースにもらったサインボールである。

AP／WWP提供

日本人メジャーリーガーが続々と誕生

沢村栄治に思いを馳せて…

NHKファミリー番組部
黒田尚彦

沢村栄治を実感した時

関ヶ原の戦い。明治維新。天王山の戦いｅｔｃ…。「その時歴史が動いた」というタイトルで新たな歴史番組を制作することが決まった時、日本政治史上、大きな転換となった出来事が次々と企画にのぼりました。歴史好きの私にとって、それらは勿論《もちろん》魅力的な題材でしたが、もっと私たちの普段の生活に根ざした身近な出来事を扱えないだろうか。現在、性別や年齢を越えて人々からこれだけ愛されている「プロ野球」が「誕生した時」は、「歴史が動いた時」ではないだろうか。そんな思いから、この企画を発想しました。

一一月二〇日の試合そのものは、沢村投手の快投や、なんとかして沢村の癖を見抜いて打ち込もうとするベーブルースら全米チームが次第に真剣になっていく様など、記録を読んでいるだけでも感動的なものでした。しかし、沢村投手がこの頃どんな思いでいたのか、それを知る手掛かりが意外に少ない、という壁にぶつかりました。全日本に入ることを決断した時、初めてベーブルースを見た時、最初の登板でメッタ打ちにされた時、ベーブルースを三振にとった時、ゲーリッグに本塁打を打たれた時、沢村は何を思ったのか。新聞などに残されているコメントは淡々としたものばかり。日記も残されていません。当時の沢村投手の感情のほとばしりは記されていないのです。私を含め、野球ファンにとって沢村投手は伝説の存在です。取材を進めながらも、沢村投手の気持ちが詳しくわかってこないため、自分の中で沢村投手は伝説の名投手のまま、なかなか一人の生身の人間として伝わってくることはありませんでした。

沢村投手の故郷、三重県伊勢市に取材にいった時のことです。沢村投手と小学校・中学校時代にバッテリーを組んでいた方が今も元気に暮らしていらっしゃることを知りました。番組にも出演していただいた山口千万石さんです。沢村投手の豪速球を受け続けていたため、曲がってしまった山口さんの指を見た時、初めて沢村投手の凄さをリアルに実感することができました。山口さんは語ります。

「沢村クンの球を受けて曲がったこの指は、私の誇りだ。」

「バッターを追い込んで変化球のサイン出すと、沢村クンは怒って言うんや。三振取るのは直球や。頭に入れといてな千ちゃん、と。」

沢村投手を「クン」付けで呼ぶことができ、自分の親友としてその活躍を誇りに思う山口さんのお話を聞いて、沢村投手を伝説ではなく、生身の人間としてとらえることができました。

取材の最後を山口さんは、こう結びました。

「テレビで松坂大輔投手を見ていると、沢村クンを思い出すんです。」

同じ快速球投手ということは、当然あるそうです。ただそれだけではない、松坂投手の持つ独特の颯《さっ》爽《そう》とした雰囲気こそが沢村投手に似ていると言うのです。このことは、沢村投手を知る何人かの方たちが、口を揃えておっしゃいました。

この時、私の中で、沢村投手を知る手掛かりがまたひとつ増えました。

沢村選手のファンになる

一一月二〇日の試合は、弱冠一七歳の沢村投手の青春の颯爽とした一コマでした。しかし、この試合を経て誕生したプロ球団、巨人軍に入団した沢村投手は、その選手生命を全うすることはできませんでした。これは、沢村投手のプロ野球の全成績です。

昭和一一年（春）登板四／一勝一敗／
（防御率＝防と表記）二・一二
昭和一一年（秋）登板一五／一三勝二敗／防一・〇五
昭和一二年（春）登板三〇／二四勝四敗一分／防〇・八一
昭和一二年（秋）登板二〇／九勝六敗／防二・三八
昭和一三年・一四年（出征）
昭和一五年　登板一二／七勝一敗／防二・五九
昭和一六年　登板二〇／九勝五敗一分／防二・〇五
昭和一七年（出征）
昭和一八年　登板四／〇勝三敗／防一〇・六四

最初の二年こそ期待通りの活躍を見せたものの、二度に渡り出征し、その度に手榴弾の投げ過ぎから肩を消耗したといいます。

豪快に投げ下ろすオーバースローだった沢村の投球フォームは末期にはアンダースローかと思うくらい肩が上がらなくなっていたそうです。

しかも、最後には投手失格の烙印《らくいん》を押され、プロとしての最後の試合出場は投手ではなく「代打」だったのです。実働わずか五年。そして巨人を追われ、三度目の出征をし、帰らぬ人になりました。

享年二七歳。現在のプロ野球の選手なら、全盛期を迎え、大活躍が期待される年齢です。

「沢村賞」にその名を残し、栄光の名投手と語り継がれている選手としては、あまりに寂しい結末です。

でも沢村は、こう語っていたといいます。

「戦争が終わって復員してきたら、打者として再起したい。」

このエピソードを知った時、私は「プロ野球選手・沢村」のファンになりました。

そこには、プロ野球創設にまつわる栄光のヒーローの姿はありません。しかし、最後まで野球に対する情熱を捨てず、現役でプレーすることにこだわった一人の人間の信念が見て取れるのです。

いつの日か、そんな沢村の姿を描いた番組を制作してみたい。そう思っています。

日米親善野球関連年表

1925年(大正14)		六大学野球連盟結成。早慶戦復活
1926年(大正15・昭和1)		ルース、入院中の少年のために約束のホームランを打つ
1927年(昭和2)		日本で野球放送始まる
1930年(昭和5)		この年、ルースの年棒が8万ドルとなりフーバー大統領をしのぐ
1931年(昭和6)	4/14	第二次若槻礼次郎内閣成立
	6/27	中村大尉事件
	9/18	柳条湖事件(満州事変勃発)
	10/24	国際連盟理事会、満州撤兵勧告案を可決
	10/26	ゲーリッグを中心とした第1回全米野球選抜チーム来日。学生野球チームへのコーチ、早稲田、慶応、明治など各大学および学生による全日本チームほかと対戦
	12/12	犬養毅内閣成立
1932年(昭和7)		ルース、ワールドシリーズ第3戦で予告ホームラン
	5/15	犬養首相、暗殺される(五・一五事件)
	9/15	日本、満州国を承認
	11/18	フランクリン・ルーズベルト、米大統領に当選
1933年(昭和8)	3/27	国際連盟脱退の詔書を発表
	5/31	塘沽(タンクー)停戦協定
1934年(昭和9)	3/1	満州国、帝政を実施
	7/8	岡田啓介内閣成立
	11/2	ルースを中心とした第2回全米野球選抜チーム来日。全日本チームと対戦
	11/20	日米親善試合第10戦、沢村栄治登板
	12/26	全日本チーム選手を中心にしたプロ野球球団「大日本東京野球倶楽部」(のちの巨人軍)誕生
	12/29	日本、ワシントン条約廃棄を米国へ通告
1936年(昭和11)	2/5	日本職業野球連盟発足。
	2/26	高橋是清蔵相ら暗殺される(二・二六事件)

【専門家・作家による参考文献案内】

北原遼三郎

『不滅の大投手 沢村栄治』

鈴木惣太郎／恒文社

鈴木惣太郎は、巨人軍を創設し日本にプロ野球（当時は職業野球）を興《おこ》した正力松太郎の右腕として活躍。昭和九年、大リーグ選抜チームの招聘《しょうへい》に尽力。とくに、日本には行かないと言っていたベーブ・ルースの説得に成功する。このとき、プロ野球における表看板が沢村栄治だとすれば、鈴木惣太郎は陰の立役者だったと言っていい。

本書は、沢村のよき相談相手でもあった鈴木が、沢村の生涯を丹念に跡づけたものだ。推定球速一六〇キロ以上。豪速球でルース、ゲーリッグら大リーグの強打者たちをきりきり舞いさせた沢村。

本書は、そんな沢村のみではなく一個の男としての沢村をも描く。その行間からは、沢村の息づかいが聞こえてくる。

『真説日本野球史　昭和篇その二』

大和球士／ベースボール・マガジン社

大和球士。プロ野球のオールド・ファンなら、一度ならず聞いたことのある名前であるはずだ。本名を安藤教雄という。早大を出た後、東京新聞運動部などを経て野球評論家に。とくに、スポーツマスコミでは「世話にならない者はいない」と言われるほど、その著書は多い。野球史を遡《さかのぼ》るとき、必ずといっていいほど大和に行きつく。彼の作品群が大河野球史と言われるのも頷ける。

本書は〈明治篇〉、〈大正篇〉そして〈昭和篇その一〉に続くもので、大和のいわば集大成ともいうべきものだ。とくに、事実に沿った細密で正確な記事は資料的価値も高い。また、先発オーダーの隣に選手の月給が記されるなど、読み物としての面白さも兼ね備えている。

『ベーブ・ルース自伝』

ベーブ・ルース／ベースボール・マガジン社

ベーブ・ルースがピッチャーだった、ということは意外に知られていない。一〇年間で九二勝四四敗、防御率二・二四。この間、ワールドシリーズに二回出場し二九イニングス連続無失点という記録までつくっているから驚きだ。もちろん、七一四本の偉大なホームラン記録の輝きに比べれば地味ではある。が、投手としてもルースは一流だったことをこれらの数字は示している。

ルースに関する本は夥《おびただ》しいほどある。その中で、ルースみずからの口述をまとめた本書の占める位置は、高い。ルースはまさにアメリカン・ドリームそのものだった。名声と富を手に入れたルース。しかし、栄光の時は長くはない。本書の最後の口述をした後、ルースは五三年の生涯を終えた。

（きたはら りょうざぶろう／ノンフィクション作家／著書『沢村栄治とその時代』、『完全試合　一五人の試合と人生』、『蔦文也のＩＫＥＤＡ行進曲』ほか）

その他関連参考文献

『東京巨人軍50年史』（東京巨人軍）、『読売新聞100年史』（読売新聞社）、『白球太平洋を渡る』（池井優／中央公論社）、『日本プロ野球外史』（鈴木惣太郎／ベースボール・マガジン社）ほか。

天下分け目の天王山

秀吉・必勝の人心掌握術

［その時、一五八二年（天正一〇）六月一三日午後四時］

天正一〇年（一五八二）六月二日。京都本能寺。
天下統一を目前にした織田信長を、家臣の明智《あけち》光秀《みつひで》が討ちとった。
光秀はこののち、各地の武将たちが京都に攻め上ってくるまで、
少なくとも五〇日はかかると考えた。
だが、わずか一〇日あまりののちの、六月一三日。
京と大坂の中間、天王山の麓に陣を張る光秀の前に、
羽柴《はしば》秀吉《ひでよし》率いる三万の大軍勢が現れた。
光秀にとって、思いもよらぬ秀吉の登場だった。
はるか遠く、中国地方で戦っているはずの秀吉が、
なぜ、短期間で、大軍を揃えることができたのか。
光秀と秀吉の、決戦の場に選ばれたのは、運命の山、天王山。
どちらが天下を握るのか。その鍵は、この山が握っていた。
六月一三日、天王山の麓で、両軍が激突した。
日本の行方を決める天王山の戦いで、その秘密に迫る。

〈ゲスト〉

堺屋太一（さかいや　たいち）

本名池口小太郎、1935年大阪府に出生し、東京大学経済学部を卒業後、通商産業省入省。通商局、企業局、大臣官房などで日本万国博覧会（大阪万博）を担当したり、沖縄開発庁に出向中は沖縄海洋博を手掛け、通商白書では「水平分業論」を展開したことから世界的に注目された。在職中に執筆した小説『油断！』がベストセラーとなる。退官後は、執筆・評論活動に入り、『峠の群像』『知価革命』『組織の盛衰』などを著す。1998年経済企画庁長官として入閣。

羽柴秀吉

光福寺蔵

羽柴秀吉（一五三六―一五九八）
戦国、安土桃山時代の武将。織田氏の足軽、木下弥右衛門の子として尾張国（愛知県）に生まれる。流浪の末に織田信長の足軽となり、機知に富んだ行動で頭角を現しつつ戦功を重ね累進（るいしん）した。一五七三年（天正一）近江国長浜（滋賀県長浜市）城主となり羽柴姓に改姓した。主君信長の暗殺を知ると、山崎（天王山）の合戦で明智光秀を破り、一五八五年（天正一三）関白、翌年には太政大臣となり豊臣姓を賜（たまわ）った。のち太閤となった。

本能寺の変直後の二人

光秀と秀吉の人集めの差

われわれが耳にする「天下分け目の天王山」という言葉は、いうまでもなく勝敗の行方を決定づける非常に重要で、運命的な大一番の勝負という意味である。

「天下分け目の天王山」の言葉のもとになったのが、天正一〇年（一五八二）六月一三日、織田信長を討ちとった明智光秀と、信長の仇《かたき》を討《う》つ羽柴秀吉が戦った、天王山（京都府南部）の麓《ふもと》の合戦（山崎の合戦）である。

この合戦に勝利した者が、天下取りに向けて大きな一歩を踏み出すことになる。だが六月一三日に、天王山の麓で対峙《たいじ》した両軍の兵力には、

明智光秀

本徳寺蔵

明智光秀（?―一五八二）安土桃山時代の武将。織田信長の重臣。美濃国（岐阜県）の守護土岐（とき）氏の一族出身。一五七一年（元亀二）近江国坂本（滋賀県大津市）に築城し、坂本城主となった。一五八二年（天正一〇）信長が中国攻めのため本能寺にいるところを突然襲って自刃（じじん）させた。二条御所に立てこもった信長の長男信忠も同じく倒した。これを知って中国から反転してきた羽柴秀吉らに山崎の合戦で敗れ、坂本城への敗走中に土民の竹槍で殺された。

大きな差があった。

――明智光秀軍　一万三〇〇〇。

――羽柴秀吉軍　二万八〇〇〇。

つまり秀吉軍は、光秀軍より一万五〇〇〇も多い、倍以上の兵力をもって光秀軍と対峙したのである。

この数字を見るだけで、秀吉軍は非常に有利な立場にあり、光秀軍は劣勢に立たされていることがわかる。

両軍の兵力の差を、もう少し深く検証してみると、秀吉と光秀という武将の人物像が、より鮮明になってくる。

光秀軍を見てみると、この一万三〇〇〇という兵力は、ほとんどが、光秀直々の家臣団である。光秀はこの一万三〇〇〇の家臣団に加えて、二万の援軍を見込んで天王山に兵を進めた。

援軍二万を加えた総勢三万三〇〇〇の大軍であれば、秀吉軍を撃破して天下を手にできる。だが光秀の思惑は大きく外れた。頼みとした援軍は光秀のもとにほとんどこず、光秀は直属家臣団だけで、秀吉を迎え撃つことになったのである。

一方の秀吉は、遠征先の中国から引き返したとき、自分の家臣団はわずか八〇〇〇であった。だが兵を進めるうちに、援軍がぞくぞくと加わり、天王山の麓で光秀軍と対峙したとき、援軍の数は驚くことに二万にのぼっていた。信長を本能寺に討ちとり、圧倒的に有利な戦況の中で、山崎に布陣《ふじん》した光秀の援軍はごく少数であった。

逆に毛利《もうり》軍と慌《あわ》ただしく和睦《わぼく》して兵を返し、不利な状況にあった秀吉には、援軍が二万も加わった。

――なぜ光秀には人が集まらず、秀吉には集まったのか。

これは人を魅きつける「人心掌握術」において、秀吉と光秀には大きな差があったからである。

これから秀吉の「人心掌握術と人集め」を切り口にして、天下分け目の天王山を検証してみたい。

織田信長（一五三四―一五八二）
戦国、安土桃山時代の大名。尾張国に生まれる。一五六〇年（永禄三）ごろ尾張を平定し、駿河国（静岡県）の今川義元を桶狭間で破り、一五六七年（永禄一〇）美濃国の斎藤氏を倒して稲葉城に移った。翌年足利義昭を奉じて入京するが、一五七三年（天正一）これを追放し室町幕府を名実ともに滅ぼした。近江国安土（滋賀県近江八幡市）城を拠点にして天下統一事業に取りかかるものの、毛利氏攻めのため京都本能寺に宿泊したところを家臣光秀によって討たれ自刃。

本能寺
京都府中京区下本能寺町にある法華宗本門流の大本山。一四一五年（応永二二）日隆が本応寺として五条門に開創し、のちに本能寺と改称した。本能寺の変により焼失したが豊臣秀吉による区画整理で現在地に移転した。焼失した本能寺は現在寺町通りに再建された本能寺より二キロ程離れた蛸薬師（たこやくし）通りにあり、石碑が建てられている。

備中高松城

岡山県高松にあった城。香川県高松市の高松城と区別して備中高松城という。背後に石井山、南西には足守川、三方を沼で囲まれていた。一五六九―七〇年（永禄一二―元亀一）頃築城された。織田信長の中国攻めの際、羽柴秀吉の水攻めにあった。秀吉は城の周りを水浸しにして兵糧（ひょうろう）攻めを行ったと伝えられる。城主清水宗治の切腹を条件に休戦開城した。

●備中高松城址　資料探索

岡山市にあり、現在は記念公園になっている。城郭など建物は残っていないが城址として整備されている。

JR吉備線・備中高松駅から徒歩10分。

（問い合わせ）

高松城址保興会

TEL086―287―2143

秀吉を襲った危機

光秀が京都の本能寺で信長を討ったのは、天正一〇年六月二日のことである。

そのとき秀吉は、京都から二〇〇キロも離れた備中《びっちゅう》の毛利方の支城・高松城（岡山市）を水攻めにしていた。

信長亡きあとの光秀にとって、最強の敵は秀吉である。京都を支配して地理的に有利な光秀は、信長を討ちとった直後に、毛利氏に書状を書き、秀吉を挾《はさ》み撃《う》ちにしようと考えた。

光秀の密書を携えた使者が、中国の毛利氏の陣に疾駆《しっく》した。だが使者は秀吉の警戒網にかかり、捕らえられて密書が発見された。

密書に目を通した秀吉は驚愕《きょうがく》した。もし信長の死を毛利軍が知れば、絶体絶命のピンチに陥る。

秀吉は信長の死を悲しむよりも、自分が突き落とされた死地から、どのように脱出するかを考えた。

さいわい信長の死は、毛利方に知られていない。事は迅速《じんそく》を要する。ここで慌てて弱みを見せれば、毛利方に背後を襲われる。

――強気に出て、信長様の死を、隠さねばならぬ。

そう決断した秀吉は、その夜のうちに毛利方の外交僧・安国寺恵瓊《あんこくじえけい》を招き、秀吉に和睦の意志があることを伝え、毛利輝元《てるもと》に書状を送った。

書状の中で秀吉は、信長がまだ生きていることを装ったうえで、

「公議《こうぎ》、すなわち信長公が、まもなく援軍に来るが、いま和睦すれば、あなた方の命は保証する」と書いた。

信長の到来を、なにより恐れていた輝元は、秀吉の申し出を受け入れた。和睦の条件は、

一、高松城主・清水宗治《むねはる》の切腹。

二、備中・美作《みまさか》・伯耆《ほうき》の三か国の織田家への割譲《かつじょう》。

と強圧的であった。これは毛利方に弱みを見せない、秀吉の苦肉の策である。

安国寺恵瓊（?―一六〇〇）

安土桃山時代の禅僧、政治家。安芸（あき）国（広島県）安国寺を開創した。毛利輝元の下で外交を担い、備中高松城水攻めの際は毛利方として折衝講和を成立させた。恵瓊はかねてより秀吉を高く評価し、毛利にとって秀吉と対立するより和平を結ぶことが得策と考えていたという。これ以後も秀吉のために多く働いたが、秀吉亡き後の関ヶ原の戦いで西軍として戦い殺された。

毛利輝元（一五五三―一六二五）

安土桃山時代の武将。隆元の長男、元就（もとなり）の孫にあたる。中国一〇か国を領有した。はじめは織田信長に対抗し、同じく反信長の石山本願寺に助勢するなどしたが、備中高松城攻めをめぐって羽柴秀吉と和睦した。これ以後秀吉の下で戦功を重ね一一二万石を領した。豊臣政権では五大老の一人となり、関ヶ原の戦いでは西軍の主将となって戦ったが敗れた。その後周防（すおう）・長門（ながと）二国（山口県）に減封された。

毛利家と和睦が結ばれた。当面の危機が去った秀吉は、次は急ぎ上洛して光秀と対決して、討ち破らねばならない。

だが光秀は、信長に任じられた近畿地方の司令官である。その配下には丹後《たんご》の細川氏、大和《やまと》の筒井氏、摂津《せっつ》の中川、高山、池田氏がいる。

これらの武将が光秀に従えば、三万を超す大勢力となる。せっかく毛利家と和睦しても、光秀軍に撃破される惧《おそ》れが大きい。

人的にも地理的にも有利な光秀に立ち向かうために、これから秀吉の人心掌握術が発揮されることになる。

秀吉のたくみな人集めと人心掌握術

秀吉は光秀配下の武将を、一人一人切り崩すことが肝心だと考えて、次々と武将に書状を書き始めた。

その一人に摂津の中川清秀《きよひで》がいた。秀吉は書状の中で、光秀が信長を襲ったことを認めたうえで、

美作
旧国名。岡山県東北部。作州。

伯耆
旧国名。鳥取県西部。伯州。

丹後
旧国名。京都府北部。

大和
旧国名。奈良県ほぼ全域。

摂津
旧国名。大阪府西部と兵庫県南部。

清水宗治（一五三七―一五八二）
戦国、安土桃山時代の武将。毛利輝元に属した。主家の内紛により備中高松城主となるが、羽柴秀吉が出した毛利氏への謀反の誘いを拒絶したため水攻めにあった。本能寺の変で講和を急ぐ秀吉の出した条件として、また城兵の助命を条件として休戦開城し、城外に浮かべた小船の中で自刃した。

中川清秀（一五四二―一五八三）
安土桃山時代の武将。はじめ池田

勝正や荒木村重に属して摂津国茨木（大阪府茨木市）城主となった。一五七八年（天正六）村重は本願寺や毛利氏と組んで織田信長に対抗するが清秀は村重に背いて信長に仕えるようになった。明智光秀の与力となるが本能寺の変後、羽柴秀吉の要請を受けて山崎の合戦に参加し奮戦した。一五八三年（天正一一）信長亡き後の主導権争いから賤ヶ岳（しずがたけ）（滋賀県木之本町）の戦いが起こるが、清秀は秀吉側につき、戦死した。

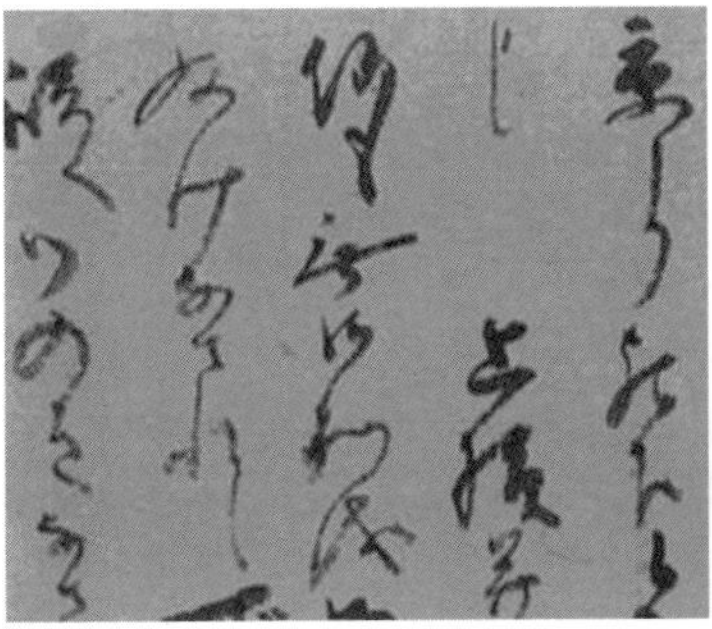
秀吉の中川宛て書状
梅林寺蔵

「信長様親子は、光秀の襲撃を切り抜けて、いまも無事である」

と書き、光秀に加担する不利を伝えた。

秀吉の使者が発《た》ったのは、密使を捕らえた二日後であった。中国地方と近畿地方を結ぶ山陽道は、光秀によって封鎖されていて危険が高い。秀吉はどのようにして、光秀の封鎖網をくぐり抜け、密書を届けようとしたのか。

その謎を解き明かしたのが、三重大学で戦国史を研究している藤田達《たつ》生《お》さんである。藤田氏によれば、秀吉は危険の多い山陽道を避け、中国山地の迂回路《うかいろ》を使って、近畿の武将に密書を送ったという。

丹波《たんば》地方の武将、夜久《やく》氏にあてた秀吉の書状がある。

それによれば、「これからさき、自分の送る使者が、頻繁《ひんぱん》に夜久氏の領内を、往き来するので、よろしく頼みます」と丁重に書かれ、夜久氏を敵にまわさぬ気配りがしてある。

藤田さんはこう分析する。

「秀吉は不測《ふそく》の事態が起こることをつねに考えていて、その手だてをきっちり打っていたと思います。不測の事態というのは、本能寺の変のような大きなクーデターです」

つまり秀吉は不測の事態に対して、いつ、どこで、どういう事変が起こっても、すぐに対応できる体制を築いていたのだという。

東京大学史料編纂所蔵

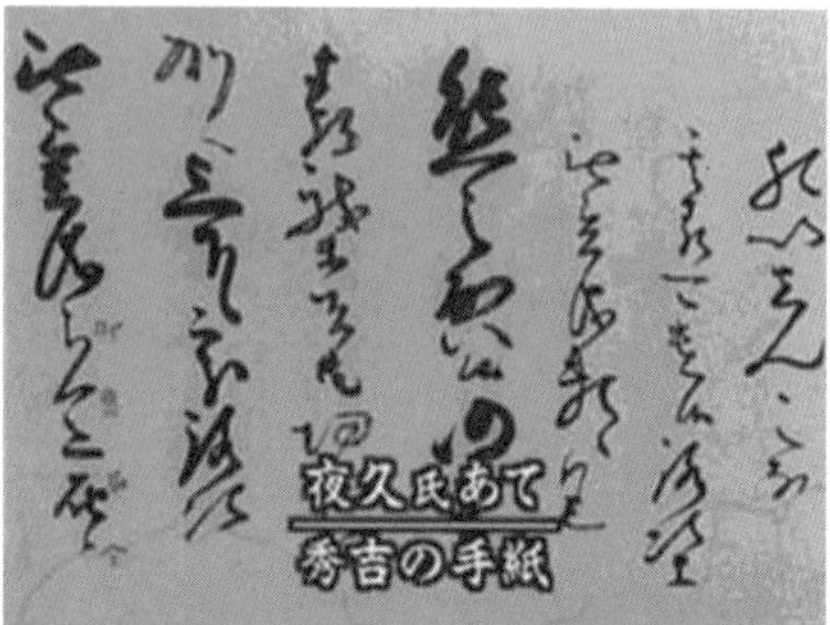

秀吉の夜久氏への書状

山陽道
大化の改新後定められた行政区の一つで、都を起点とした主要幹線道路。現在の中国地方南部を通り北部の山陰道と対比される。播磨（はりま）、美作、備前、備中、備後、安芸、周防、長門からなっていた。現在の近畿地方と北九州を結ぶ街道が通じる重要な地域。他に東海道、東山道、北陸道、山陰道、南海道、西海道をあわせて七道と呼んだ。

夜久氏
丹波国天田郡夜久郷（京都府天田郡夜久野町周辺）域を地盤にしていた武将。武蔵国から来たと伝えられる夜久氏がこの地で勢力をもち、室町時代は、「夜久郷地頭」を称していた。また夜久郷は、但馬（兵庫県）と接しており、応仁の乱の戦場ともなった。一五七九年（天正七）明智光秀の丹波進出によって、天田郡内の城郭の多くが光秀の手中に落ち、光秀没落後、夜久郷には秀吉の家臣杉原家次が入った。現在、夜久氏居域と伝えられる古城址の高内城、月輪山城、由利城などの遺構が残っている。

秀吉は、光秀配下の武将の切り崩しの使者を送ったあと、さらに重要な布令を全軍に出した。

「このたび信長様の弔《とむら》い合戦に、挑む決心をした」

つまり秀吉は光秀との戦いが、自らの天下取りのためではなく、あくまで主君の仇討ちだということを全軍に強調して、その明確な目的のもとに、部下の心を一つにまとめようとしたのである。

本能寺の変からわずか四日後の六月六日。秀吉軍は近畿をめざした。世に「中国大返し」といわれる怒涛《どとう》の進撃を開始した。

秀吉の中国大返し

危機を救ったスローガンと情報戦略

——いよいよこうして秀吉は、光秀との決戦に向けて、進軍を始めるわけですが、ここで秀吉が、信長の死を知ってから進軍に至るまでの、行動を解析してみたいと思うのです。

その解析をするうえで、二つのキーワードがあると思います。一つは巧みな「情報戦略」です。もう一つは誰にでもわかるきわめて「的確なスローガン」です。

この二つのキーワードを縦軸にして、これから秀吉の行動を、深く考察していきたいと思います。

今回のゲストは堺屋太一さんです。堺屋さんは、秀吉をはじめとして多くの戦国武将をお書きになった作家として、お招きいたしました。
さて秀吉の天王山について言えば、すごくラッキーな出来事から始まったと思いますが。

堺屋　そうです。光秀が放った使者が、なんと秀吉の陣営にまぎれ込んだのは、非常にラッキーなことです。そのために使者を捕らえて、毛利方に伝わる前に、秀吉は貴重な情報を得られました。
ですがここで問題にすべきは、秀吉がつねに部下を訓練して、警戒網を厳重にして見逃さないようにしていた点です。つまり警護の一兵卒にいたるまで、情報重視という心構えが、強く浸透していたことです。
もし訓練がいきとどかない部下であれば、光秀の使者が迷い込んできても、「ここは羽柴様の陣じゃ。帰れ」と追い返していたでしょう。

――普通の部下であれば、重要な情報を見逃したということですね。

堺屋　そうです。これは現代社会の会社や役所でも、よく起こることです。情報がなかなかトップまで上がってきません。ですが秀吉はつねに部下に情報戦略の重要さを教え、いつでも情報がトップまで伝わるシステムを機能させました。だから幸運が舞い込んできたんでしょう。

――そのときの秀吉の反応ですが、これは偽手紙《にせ》ではないか、という可能性も考えられたわけですね。

堺屋　問題はそこです。もしこれが誤報であり、その偽手紙に瞞《だま》されて行動したら、切腹では済まされない大事になります。

　そのとき秀吉の頭脳がフル回転したわけですが、秀吉は世間の動きや、天下の動向を熟知しています。それを土台にして、手紙の文面を分析して、これは正しい情報だと判断したのでしょう。

　それにもう一つ、京都の茶人の長谷川宗仁《そうにん》が放った飛脚が、これと前後して秀吉に本能寺の変を知らせたという話もありますが、いずれにしろ最後は秀吉の決断力ひとつで、自分の勘に賭けたと思います。

――なるほど、秀吉が自分の勘に賭けたとはさすがですね。

堺屋　現代社会でいえば、文明の利器が発達していますから、まず携帯電話で確認しろとか、インターネットで調べて見ろということになりま

長谷川宗仁（一五三九―一六〇六）和泉国堺（大阪府堺市）出身の商人、茶人。千利休と同じく武野紹鷗（じょうおう）の門人であり画才も有した。織田信長に仕え、本能寺の変後は羽柴秀吉に属し、伏見（京都市伏見区）の代官となった。一五九二年（文禄一）肥前国名護屋（佐賀県鎮西町）城本丸の茶室の普請を担当した。関ヶ原の戦いでは西軍に属した。

す。おそらく秀吉以外の武将であれば、時間をかけて確認したでしょう。ですがそれでは、天下を手にできるチャンスを見逃してしまいます。秀吉は自分の勘で、正しいと判断した情報に賭けたのです。

――秀吉は情報をいかに流すかという点でも、光秀より二歩も三歩も進んでいたように思いますが。

堺屋　丹波の夜久氏のことですね。秀吉の情報網の張りめぐらせ方は、とにかく広範囲であり、しかも緻密でした。

信長の死を知った直後の秀吉は、ものすごく多忙で、光秀に対抗するために何百通もの手紙を出し、使者を次々と送り出さねばなりません。丹波の夜久氏という人物は、ほとんど歴史に名が残っていないような人ですが、そんな時でも夜久氏に丁重な手紙を書き、自分を有利にする努力を、ひとときも惜しんでいません。こういう緻密な気配りは、とても光秀の真似のできることではないと思います。

――その気配りが、秀吉の味方を増やしていくわけですが、いざ行動を起こすときは、わかりやすいスローガンが必要になるわけですね。

堺屋　はい。そこで秀吉と光秀の差が、さらに大きくなるのです。簡潔に言いますと、官僚タイプの光秀は「中世的な大義名分」を唱え、秀吉は「わかり易《やす》い信長の仇討ち」を口にしました。

光秀のスローガンは、かつての主君だった信長を、世を混乱させた革命家としてとらえたことです。だから信長が混乱させた世の中を、自分が中世の秩序に戻そうとしたわけです。光秀のいう中世の秩序とは、天皇家があって室町幕府があり、天皇や将軍といった伝統的な権威を中心に社会をおさめていこうというものです。ですが秀吉は、信長が実行した改革は、世間の人々が認めていると認識したうえで、自分が信長の意志を引き継ぐ者であり、そのために信長の仇を討つのだと、明確に新時代のスローガンを掲げたのです。

――つまり二人の信長観の違いということですね。

堺屋　そうです。戦国時代の武将というものは、複雑な二面をもっていまして、一つは明確に利益を追求する欲望の面です。この利益追求の前には、大義名分は役に立ちません。

室町幕府
一三三八年（延元三・暦応一）足利尊氏が幕府を開き、一五代将軍義昭が織田信長によって追放されるまで存続した武家政権。守護大名の台頭により動揺が絶えず、一一年に及んだ応仁の乱（一四六七―七七）以降著しく弱体化した。三代将軍義満が京都の室町に屋敷をつくって幕府としたのでこの名がある。

姫路城
兵庫県姫路市に現存する城で南北朝期から江戸期にかけて築城された。羽柴秀吉が毛利攻めに際してその拠点とした。一六〇〇年（慶長五）池田輝政によって典雅雄大な日本有数の城に建造され完成した。白漆喰塗籠造りの外観から白鷺（しらさぎ）城とも呼ばれている。

●姫路城　資料探索

秀吉の居城時代のものとは異なるものの、日本一の城郭遺構と言われる天守閣などが国宝に指定されている。一九九三年には世界遺産に登録。
JR姫路駅から徒歩15分。
（問い合わせ）
姫路城管理事務所
TEL０７９２－８５－１１４６

姫路城

ところが人間は面白いもので、利益のために動く武将でも、一面では大義名分に憧れるロマンの部分をもっています。

そこでひとまず自分は、利益の大きい方に味方するけれど、もう一面で大義名分のある側に、味方する者が多くなるだろうと考えます。

秀吉はこうした武将の二面性を熟知していて、自分は信長の築いた新しい時代を継承する人間だと明言しますが、同時に信長の仇討ちという大義名分も掲げます。

こうすれば利益とロマンの双方が手に入るとみた武将が、自分に味方すると読んだのです。

秀吉の戦力増強作戦

備中の高松を後にした秀吉軍が、まずめざしたのは姫路城だった。この年の中国地方は大雨に見舞《みま》われ、多くの川が氾濫した。秀吉軍は雨とぬかるみの中を走り続けた。

堀秀政

建勲神社蔵

堀秀政（一五五三―一五九〇）
安土桃山時代の武将。織田信長に仕えた。毛利攻めの時には羽柴秀吉に属し、本能寺の変後も秀吉について山崎の合戦に参加した。その後も賤ヶ岳の戦いで功績を上げて近江国佐和山（滋賀県彦根市）城九万石を与えられた。一五八三年（天正一三）越前国北ノ庄（福井市）城一八万石余に移封され、羽柴北ノ庄侍従と呼ばれた。一五九〇年（天正一八）小田原の戦いに出陣したが陣中で病死した。

守護職
鎌倉幕府が治安維持と武士統制のために一一八五年（文治一）設けた官職で一国一人制が原則。一般の行政や訴訟等の国務には国司が

秀吉は将兵たちが、すこしでも楽に行軍できるようにと、食糧や重い武器は船で運び、軽装で山陽道を駆け上れるように気を配っていた。

備中高松を出発して二日後、軽装の秀吉軍は七〇キロメートルの道のりを走破して、姫路城に辿り着いた。

大雨の中を駆け続けた将兵は、体も泥のように疲れ切っていた。秀吉は将兵たちに一日の休みを与えた。そのとき秀吉は自軍の兵だけではなく、信長から派遣された堀秀政《ほりひでまさ》にも気配りをした。

秀吉は泥まみれの堀に近づき、こう言った。

「自分は母に会うために、先に風呂に入らせていただく。堀殿は後でゆっくりと、風呂をお使いくだされ」

堀は秀吉より格下の武将である。にもかかわらず秀吉は、風呂で疲れを癒してくれと気遣ってくれた。

格下の自分に、こうして気を遣ってくれる秀吉に、堀はいたく感動して、以後、二〇〇〇の兵とともに、秀吉につき従う。

姫路城で丸一日の休息をとった秀吉軍は、城内に貯えてあった金銀を

あたるため守護が口を挟むことはできなかったが、室町時代から徐々に実力をのばして国司の行政権を侵した。こうして次第に領主化して大名となった武将が守護大名である。

長浜城
近江国長浜（滋賀県長浜市）に築かれた城で南北朝期から江戸期にかけて存在した。一五七三年（天正一）羽柴秀吉が一二万石の大名となって小谷城（滋賀県湖北町）に入り、これを琵琶湖畔に移し長浜城と改めた。現在は長浜市内の寺に城門が二つ移築されている。また天守閣も復元されている。

佐和山城
滋賀県北東部にある佐和山（標高二三三メートル）に丹羽長秀、堀秀政らが城砦を築いていた所で、一五九五年（文禄四）に石田三成が本格的な城郭を築いた。琵琶湖に迫り、中山道が通る要害の地。現在でも山地一帯に遺構が残る。

惜し気もなく分け与えられ、志気も高くなり、再び進軍を開始した。

その数は堀秀政二〇〇〇を加えて、およそ一万である。だがそれだけではまだ光秀軍には及ばなかった。

光秀の思わぬ誤算

そのころ光秀は近畿地方で、勢力固めに入っていた。

もともと名門の出であったとされる光秀の夢は、天皇をいただいた室町幕府の古い体制に戻すことだった。天皇を敬う光秀は、朝廷に銀五〇〇枚を献上し、京都の守護職《しゅご》に任じられた。

守護職の名のもとに、織田家武将の居城の長浜城《ながはま》と佐和山城《さわやま》を攻め落とし、そこに室町時代の古い領主を呼び戻した。

こうした光秀の復古の動きを、信長配下の他の武将たちは、快く思わなかった。

まず光秀から離反したのが丹後の細川藤孝《ふじたか》である。藤孝は光秀の娘が嫁いだ親戚であり、心を許した友である。光秀は藤孝がまっさきに駆けつけてくると信じて疑わなかった。

だが藤孝は、光秀が取った行動は謀反であり、信長の恩に背くものだと非難して援軍を拒んだ。光秀にとって、まさに青天の霹靂《へきれき》であった。光秀の誤算はそれだけではなかった。親戚であり、光秀のとりなしで大和郡山《こおりやま》の城主に任じられた筒井順慶《じゅんけい》が、光秀に反旗を翻《ひるがえ》して城に立て籠った。

光秀はもっとも自分に近いはずの二人が援軍を拒み、見込んでいた一万の兵を失ったことに衝撃をうけた。

失意の光秀のもとに、信じられない情報が飛び込んだ。

――遠く中国地方で、毛利軍と戦っている秀吉が、摂津の国境まで進軍中である。

細川藤孝（一五三四―一六一〇）安土桃山時代の武将。足利、織田、豊臣の三氏に仕えた。本能寺の変直後、亡き信長に弔意を示して剃髪（ていはつ）し、子の忠興に継がせた。明智光秀とは足利義昭に仕えていたころからの知り合いであり、光秀の娘、玉（のちガラシア夫人）が忠興に嫁いでいたが、光秀の援軍要請には応じなかった。一方、歌道や茶道などの芸道を極めた文人としての一面もあった。

大和郡山城 大和国郡山（奈良県大和郡山市）に築かれた城。一五七七年（天正五）から筒井順慶が本格的な城に改修した。それまでは土塁（どるい）・堀だけの「掻（か）き上げ城」であった。大和国でこの城以外は破却されていたため、残っていたこの城に入城した順慶が大和国の主となった。

筒井順慶

東京大学史料編纂所蔵

筒井順慶（一五四九―一五八四）
戦国時代の大名。一五七六年（天正四）から大和国（奈良県）を預かり大和郡山城主となった。本能寺の変後、光秀の出馬要請に応じなかった。援軍要請のため光秀は洞ヶ峠（京都府と大阪府境にある標高六三メートルの峠）まで来たが順慶は現れなかった。ここで秀吉と光秀のどちらにつくべきか去就を決したことから、「洞ヶ峠」は日和見（ひよりみ）を指すことばとなった。

秀吉の人集めのすごさ

同じころ秀吉も、摂津の三武将の動向が、勝敗の大きな鍵になると考えていた。摂津には池田恒興《つねおき》、中川清秀、高山右近《うこん》の三武将がいる。三人の兵力は一万。自分の兵と合わせれば二万三〇〇〇の勢力になる。秀吉はふたたび書状作戦を開始した。摂津の武将の一人、中川清秀にあてた秀吉の手紙にはこう記されている。

「わが軍は明日には、西宮《にしのみや》辺りまで進軍する予定である」

毛利軍と対峙していた秀吉が、まさか西宮まで進軍してくるとは思ってもいなかった。秀吉軍の迅速きわまる進軍が、三武将に大きな威嚇《いかく》を与えた。

六月一二日。秀吉軍が有利と見た池田、中川、高山の三武将は、秀吉に援軍を申し出た。この時中川と高山は、秀吉に自分の子どもを人質として差し出した。

戦は水ものだということを秀吉は知り抜いている。もし光秀軍有利となれば、地の利を知った三武将はいつ寝返るかわからない。

秀吉は大きな度量を見せた。

「人質などとはとんでもござらぬ。お三方が裏切るなどとは、つゆ思わぬ」と無条件の信頼を口にして、一万の援軍を手に入れたのである。

こうして二倍の兵力に膨《ふく》れ上がった秀吉軍は、光秀の前に兵を進めていく。

碧雲寺蔵

中川清秀

龍徳寺蔵

池田恒興

大阪カテドラル聖マリア大聖堂カトリック玉造教会蔵

高山右近

池田恒興（一五三六―一五八四）安土桃山時代の武将。母の養徳院は織田信長の乳母であり信長とは乳兄弟の関係。信長に仕え数々の戦いに参加。一五八〇年（天正八）摂津国（大阪府）花熊城を攻略して有岡を領した。本能寺の変には羽柴秀吉とともに明智光秀討伐に参加した。山崎の合戦後の清洲会議では秀吉、柴田勝家、丹羽長秀とともに宿老四人の一人となる。岐阜城主となったが一五八四年（天正一二）徳川家康軍の急襲を受けて敗死した。

高山右近（一五五二―一六一五）安土桃山時代の武将、キリシタン大名。一五六四年（永禄七）洗礼を受けドン・ジュストと称した。織田信長、豊臣秀吉に仕え、一五七三年（天正一）摂津国高槻（大阪府高槻市）城主となった。山崎の合戦をはじめ秀吉の下で戦功を重ね明石（兵庫県明石市）城主となる。キリシタン禁教令により領地没収、国外追放されマニラで没した。茶人としても著名で、千利休高弟七人の一人であった。

天王山前夜

気配りと時代感覚で逆転

——こうして決戦まじかに、光秀と秀吉の兵力は逆転します。光秀の直属軍は一万三〇〇〇。摂津の三武将を味方にした秀吉軍は、合わせて二万になったわけです。

どうしてこういう結果になったのか。これを解く鍵は、一つは気配り、二つめは時代の流れに乗ったことだと思いますが、光秀にだって気配りはあったと思います。堺屋さん、この点はどう考えたらいいのでしょう。

堺屋　むろん光秀にも気配りはありました。光秀の頭には第一に朝廷、次に室町幕府がありました。従ってまず朝廷に寄付をして、それから京都守護職に任命される。

戦国時代の朝廷
応仁の乱前後に記録された『大乗院寺社雑事記』に「日本国は悉（ことごと）く以って御下知に応ぜず」という記述があるように、朝廷の指示が通らず、その権限はかつてとは比較にならないほど失われていた。当時の朝廷は、官位の叙任・元号の改元・宮廷の儀式等の権限のみ保持していた。

そうした手順を踏むことによって、昔の室町体制を自分が引き継ごうとしたのです。つまり旧体制を大切に守り、底辺の武将ではなく官位の高い旧勢力に目を向けることが、光秀なりの気配りだったわけです。

——光秀は上からの発想になったわけですね。

堺屋　はい。光秀は自分が守護職になって、京都で認められ、その地位から命令を下せば、昔の室町時代の人々や、信長のやった改革に反対する人々が、自分のもとに集まってくると考えました。

つまり朝廷と室町幕府の力を借りて、上から天下に号令すれば、旧体制の人々は自分を認めると考えたわけです。

ところが足利将軍は毛利家に亡命していて、京都にはいません。そういう形骸的な体制を、光秀はなによりも大切にしたわけです。

それに対して秀吉は現実的でした。古い形骸的な体制よりも、いま勢力をもっている武将に気配りしました。そして天下は室町幕府から、織田家のものになったものとし、信長亡きあとの天下も、依然織田家のものだと明確に口にしました。

ここが大切な点ですが、力をもった織田方の武将たちは、成り上がり者ばかりです。もし旧体制に戻れば、元の領主が戻ってきます。

現実に光秀は、長浜城と佐和山城を攻め落とし、そこに古い領主を呼び戻しました。そういう時代逆行の光秀のもとには、現実派で利に敏《さと》い新興武将はついてこないでしょう。

いい例が摂津の三武将です。秀吉は三人に対して人質もとらず、現領地を認めたうえで、戦場の働きしだいでは、さらに加増することを約束しました。この点を見ただけで、摂津三人衆が光秀側につくか、秀吉側に味方するかは明白でしょう。

光秀は信長を鬼のような男だとして、信長を亡き者にすれば、人々は自分のところに戻ってくる。時代はまだ、その時点に留まっていると考えました。

片や秀吉は、信長を旧体制を破壊した改革者とし、自分は信長の新事業の継承者であり、それが時代の流れだと考えました。

——時代の流れを読みとる二人の感覚の差が、その差を大きくしたと考えていいわけですね。

堺屋　そこがいちばん重要な点です。現代風に言えば、官僚規制を守って旧体制でいこうとする光秀と、規制緩和で情報革命を大いにやって、新風を吹き込もうとする秀吉との対立という図式です。

すでに信長は、旧体制の「座《ざ》」を破壊して、「楽市楽座《らくいちらくざ》」で産業界に新風をまき起こしました。そのことを庶民がいちばんよく知っています。庶民の感覚を敏感に察知できる秀吉は、新しい会社をつくり、新しい産業を起こして、みなで儲けようと呼びかけたわけです。

結局これが当りました。逆にリストラ反対、従来型の産業を規制で守ろうとする光秀は、庶民からそっぽを向かれ、庶民と共栄する武将にも背かれたのです。

——堺屋さんの小説の中で、光秀が秀吉に「遅れを取った」と言う場面があります。秀吉が成功した背景には、行動にスピードがあったわけですね。

堺屋　いいご指摘です。光秀は常識的なスピードでものを考えました。

楽市楽座
戦国期から安土桃山期にかけて戦国大名が設けた、自由な商取引ができるようにした制度。独占的な市（いち）の制度を廃止して賦（ふ）課の廃止や減免を行ったり（楽市）、排他的な同業者組合である座を廃して（楽座）領主の城下町繁栄と商業統制に大いに役立った。織田信長が美濃や安土などで実施し、豊臣秀吉によって引き継がれた。

秀吉の中川宛て書状
（財）宇野茶道美術館蔵

秀吉が中国から帰るにしても、少なくとも四、五〇日はかかるだろうと考えました。だから武将の手配にしても、朝廷から守護職を命じられてからなどと、手続き優先で悠長に考えていたのです。

ですが秀吉の行動は猛烈《もうれつ》に早かった。手紙も信長の死を知った直後に何百通も書いている。毛利家との和睦も早い。中国からの帰陣《きじん》もすごいスピードです。

光秀は相手が裏切ってから慌てて手紙を書いている。その内容も「じつは私がこうしたのも、すべてはあなたの為になると思ったからです」などと言い訳がましく書いています。

光秀の立場を同情的に見るならば、異常なスピードをもった秀吉と、たまたま同時代に生きたことが光秀の不運であり、気の毒なような気がします。

――光秀は根回しも下手ですね。

堺屋　はい。そのころ反織田で大勢力の大名といえば、毛利、上杉《うえすぎ》、北条《ほうじょう》です。信長を殺すという大謀反を起こすにしては、この強大な反織田

の三家に、なんの根回しもしていなかった。
　別の側面から見れば、光秀は信長一人を倒すことで頭がいっぱいで、他家への配慮など考えられなかったかもしれません。あるいは信長を襲うという行動が、思いつきというか、唐突であったとも考えられます。いずれにしろ光秀は、事前に誰にも知らせず、単独で信長に襲いかかったわけです。これは光秀の思い込みの強い性格の現れでありますが、これだけの大事をしでかすには、やはり総合的な気配りに欠けていたと言わざるをえません。

大義名分成立、その時歴史が動いた

　二万に膨れ上がって、優勢な大軍進撃を続ける秀吉軍の先鋒《せんぽう》は、中川清秀らの摂津衆の部隊である。

　一方、迎え撃つ光秀軍は劣勢の一万三〇〇〇。運命の日の前夜の六月一二日。両軍は京都と大坂の中間の、天王山の麓で対峙した。

決戦の場となった天王山周辺は、とても特徴的な地形をしている。標高およそ二七〇メートルの天王山のすぐ側まで桂川が迫り、山と川に挟《はさ》まれた平地が、すごく狭《せば》められている。

この狭い部分を通る一本の細い道が「西国街道《さいごくかいどう》」である。この当時は西国街道の両脇に、油を商う商家が立ち並び、現在でも車がすれ違うのがやっとというくらいの狭い「隘路《あいろ》」になっている。

天王山
京都府乙訓郡大山崎町にある標高二七〇・四メートルの山。天王山の合戦（山崎の戦いともいう）においてこの山の占有が勝敗を決したと言われる。転じて勝敗や運命の分かれ目を指すことばとなった。

●天王山　資料探索

天王山の頂上までは登山道が整備されていて、麓から1～1時間半ほどで登れ、主戦地となった山崎の地を一望することができる。7合目付近には合戦の碑があり、秀吉軍が山を占領した時にその馬印である千成瓢箪（せんなりびょうたん）を掲げたという「旗立松」が残っている。

JR山崎駅下車、登山道入口まで徒歩10分。／阪急電鉄大山崎駅下車、徒歩10分余。

（問い合わせ）
京都府大山崎町役場
TEL 075－956－2101

天王山周辺

戦略家として優れた光秀は、劣勢の軍勢で秀吉軍を撃破するために、狭い街道を戦場にしようと考えた。多勢の秀吉軍といえども、狭い街道を通るときは、一度に少しずつの兵しか通れない。「隘路」を出てくる少数の秀吉軍を包囲して、順次これを撃滅していけば勝てる。

光秀の立てた作戦の成否は、街道脇に聳《そび》える天王山である。天王山を秀吉軍に制圧されれば、側面から攻撃をうけ、「隘路」で撃滅できない。光秀にとって、天王山を秀吉軍に制圧されないことが、勝利への絶対条件になった。

一方秀吉も、天王山が勝敗の分かれ目になると考えた。天王山を光秀に取られれば、「隘路」を通って兵を小出しに攻撃せざるをえない。それではせっかく味方にした援軍一万の力が消滅してしまう。

こうして天王山の奪取が、両軍にとって運命の分かれ目になった。

六月一二日夜。光秀も秀吉も、天王山の奪取を部下に命じた。

秀吉の命をうけた中川清秀の部隊は、敵に気づかれないように、松明《たいまつ》

西国街道
瀬戸内海に沿う街道で、中国路のこと。都と九州大宰府を結び、山陽路とも呼ばれた。江戸時代には脇往環となった。

両軍の布陣

を使わずに、天王山に分け入った。摂津兵を味方につけた秀吉に、運命の女神が微笑みかけた。暗闇の中で山道を進むことができたのは、地理に明るい摂津兵だからこそである。

一方七〇〇〇人という多勢の光秀軍が、松明を手に山道を登り始めた。暗闇の中を先に上った中川隊の眼下に、光秀軍の松明の灯が見えた。待ちかまえていた中川隊の鉄砲が火を噴き、光秀軍を撃破した。運命の天王山の制圧は、秀吉側に凱歌《がいか》が上がったのである。

六月一三日の朝。両軍の本隊が、天王山の麓に布陣を開始した。天王山の頂きから麓の平野が一望できる。光秀軍の動きを天王山から牽制しながら、秀吉軍は「隘路」を通り抜け、その先の広い場所に大軍の布陣を終えた。

もはや秀吉の勝利は確実である。だが秀吉はなぜか、総攻撃の命令を出そうとはしなかった。

秀吉はこの時、信長の息子の織田信孝《のぶたか》を待っていた。秀吉は信長の仇

織田信孝（一五五八―一五八三）
信長の三男。本能寺の変後、羽柴秀吉とともに明智光秀を破って父の仇を討った。信長の後継を決める清洲会議の結果岐阜城主となって美濃国を領地とした。その後柴田勝家らと結んで賤ヶ岳の戦いで秀吉と戦ったが敗れた。勝家が自刃したため、兄の信雄に降り自殺した。

丹羽長秀（一五三五―一五八五）
戦国、安土桃山時代の武将。織田信長に仕えた。本能寺の変では明智光秀の女婿、織田信澄を殺して羽柴秀吉と合流した。賤ヶ岳の戦いで戦功を上げて一二三万石余を与えられた。越前北ノ庄（福井市）城主となり羽柴越前守と呼ばれた。

討ちという大義名分を掲げているために、織田家の身内を総大将にしなければならない。

その日の正午に信孝と重臣・丹羽長秀《ながひで》が現れた。秀吉の口から、これから信長の仇を討つこと、総大将に信孝を据えることを聞き、信孝は秀吉の手を握って涙を流して喜んだ。

同時にこの行為は、自分と同格の丹羽の軍勢を味方に引き入れ、その後も丹羽の支持を得ることになる。

六月一三日午後四時。織田家の旗を本陣に翻した秀吉軍は、総攻撃を開始した。信孝と丹羽の軍兵八〇〇〇を迎え入れた秀吉軍は、総勢二万八〇〇〇の大軍となって、光秀軍に襲いかかった。

先鋒は左翼に中川軍、右翼に池田軍、中央に高山軍が位置して、摂津兵団が先陣を切って猛攻した。光秀軍もよく奮戦したが、兵力の差はいかんともしがたく、じりじりと退却を余儀なくされた。

日が暮れかかる頃には大勢は決して、天下分け目の天王山の戦いは、

●大山崎町歴史資料館　資料探索

この資料館は山崎の合戦についてさまざまな知識や情報を提供している。独自に制作した合戦のVTRも上映される。JR山崎駅下車、徒歩5分。／阪急電鉄大山崎町下車、徒歩2分。

（問い合わせ）

TEL075－952－6288

秀吉軍の圧倒的勝利で幕を閉じたのである。

大隣寺蔵

丹羽長秀

信長の死から清洲会議制覇まで、秀吉の25日間

天正10(1582)年6月2日〜6月27日

天正10年（1582年）	
6月2日	京都本能寺にて、明智光秀が織田信長を討ちとる。
6月3日	光秀の放った使者が、備中高松の秀吉の陣で捕らえられ、秀吉が信長の死を知る。
6月4日	備中高松が落城する。城将の清水宗治が、両軍が見守る中で切腹する。
6月5日	秀吉の織田家武将の切り崩しの密書をもった早馬が続々と発つ。
6月6日	秀吉軍の「中国大返し」が開始する。
6月8日	秀吉軍姫路城に到着する。
6月9日	秀吉軍姫路城にて丸一日休息する。 光秀に離反した筒井順慶が、大和郡山城に立て籠る。
6月12日	摂津衆の中川清秀、池田恒興、高山右近が秀吉の軍に加わる。その数1万。 光秀軍1万3000と、秀吉軍2万が天王山の麓で対峙する。 同日夜。両軍が天王山を押さえるべく登るが、秀吉方の中川軍が、光秀軍を制圧する。
6月13日	朝から天王山の麓に、両軍の布陣が開始される。 同日正午に、織田信孝と丹羽長秀が到着する。配下の兵8000が加わる。 同日午後4時。天王山の戦いの戦端が開かれる。 同日夕方。秀吉軍の勝利に終わる。 同日夜。明智光秀が小栗栖《おぐるす》で死ぬ。
6月27日	尾張の清洲城で、信長の後継者を決める清洲会議が開かれる。 秀吉の推す三法師の擁立が決まり、秀吉が後見人となり、実権を手にする。

旗立松

秀吉の真骨頂

歴史の境目を決めた戦い

——信孝を待って、戦端が開いたのが午後四時でした。その時歴史が動いた瞬間だと、私は思うわけですけれど、午後四時の戦端開始とは、いかにも遅いように思います。

堺屋　おそらく戦端を開始したのは、光秀側だと思います。その日の朝から、秀吉軍が狭い隘路からどんどん押し出してくる。それ以上増えたら、とても各個撃破できなくなると見た光秀が、攻撃を命じたのが午後四時だったのでしょう。

——午後四時まで秀吉は戦場に出ませんでした。どういう気持ちでいたのでしょう。

堺屋　秀吉は天王山を押さえた時点で、すでに勝利を確信したと思います。そこに信孝の軍兵八〇〇〇が加わればもう完璧です。

だから秀吉は戦の勝敗ではなく、その後の日本の体制――つまり自分が天下人になった時の豊臣体制を頭に描いていたと思います。その決定的瞬間こそが、この天王山の戦の前だったのです。

――歴史に〝もし〟はあり得ないわけですが、この天王山でもいくつかの〝もし〟が頭に浮かびます。もし密使が捕らえられなかったら。もし信長の死を先に毛利方が知ったら。そして最大の〝もし〟はもし光秀が天王山に勝ったらです。

そういうさまざまな〝もし〟を乗り越えて、秀吉は天王山で勝ったわけですが、この勝利の歴史的意義はどこにあるとお考えですか。

堺屋　歴史は後戻りしないということが、秀吉の手ではっきりしたことです。それまで信長が死んだら、どうなるのだろうという疑心暗鬼が人々にありました。そのとき光秀は信長さえいなくなれば、元の室町体制に戻るだろうと考えたわけです。

ところが信長が死に、秀吉が天王山で勝利して、信長政策を引き継ぐと言った瞬間に、もう昔には戻らないことがはっきりしました。

そういう意味でこの天王山の戦いというのは、単に光秀と秀吉の戦いではなく、中世と近世……つまり中世に逆戻りするのか、近世に前進するかの戦であり、世の流れに乗った秀吉の勝利は、当然のごとく迎え入れられたわけです。

秀吉の天下取りの原点

天王山の合戦の圧倒的な勝利ののち、摂津衆の中川清秀は秀吉にあいまみえた。

中川はいままでの秀吉の丁重な気配りと、天王山を制圧した自軍の手《て》柄《がら》から、秀吉から丁寧《ていねい》な労《ねぎら》いの言葉がかかることを期待していた。

だが秀吉は馬上からただ一言、

――「骨折り」

と声をかけただけだった。

この瞬間に、中川は、

——「もはや秀吉は、天下を呑《の》んだ」

と悟った。

天王山の戦いから一四日のちに、織田家の後継者を決める会議が、尾張清洲《きよす》城で開かれた。

この清洲会議では、天王山で信長の弔い合戦に遅れをとった、織田家宿老の柴田勝家《かついえ》が、主導権を握ろうと秀吉と対立した。

勝家は信孝を信長の後継者にと主張したが、光秀を破った秀吉の発言権は強大になっており、丹羽長秀の支持を得た秀吉は幼い三法師《さんぼうし》を擁立《ようりつ》し、自らがその後見人に収まり、事実上の天下の実権を握った。

その後秀吉は一気に天下人へと駆け上っていくが、天下統一という大事業の始まりは、まさに天正一〇年六月一三日、天下分け目の天王山であった。

清洲会議
織田信長の後継者を決めるため開かれた会議。織田信孝を推挙する柴田勝家に対し、明智光秀討ちの中心人物羽柴秀吉は信長の嫡孫（ちゃくそん）で幼い三法師（本能寺の変で討死した信忠の子）を擁して主導権を握った。この結果に不満な信孝や秀吉の強大化を恐れた勝家らとさらに対立することになる。

柴田勝家（一五二二—一五八三）
戦国時代、安土桃山時代の武将。尾張国（愛知県）の人。はじめ織田信長の弟信行に属したが、のちに信長に仕えた。一五七五年（天正三）越前の領主となり北ノ庄（福井市）を本拠に北陸を治めた。本能寺の変の時は越中で上杉氏と戦っていたという。信長の死後は豊臣秀吉と対立を深めて賤ヶ岳で戦ったが敗れ、妻お市とともに自害した。

●清洲城　資料探索

清洲会議のち、後継三法師の叔父織田信雄（のぶかつ）が後見補佐として入った清洲城。清洲公園に古城跡をみることができる。天守閣は平成元年復元。

ＪＲ清洲駅か名鉄新清洲駅下車、徒歩15分

愛知県西春日井郡清洲町大字朝日字朝日城屋敷1－1

清洲城

二つの偶然？

NHK大阪放送局文化部
濵崎憲一

「天王山」の取材を始めたばかりの私にとって、何やら象徴的に思われることが、二つあった。

その一つ。地図を広げてみる。天王山の南西側の斜面を、一本の破線が走っている。京都と大阪（当時の山城と摂津）の府境である。「歴史の境目」を決めた戦いは、「地理的な境」で行われたのだ。この偶然は、いったい何であるのか。

天王山は、二七〇メートルの低い山である。麓の様々な場所から眺めてみたが、何の変哲もない山という印象を拭うことはできない。頂上をめざして、整備された登山道を登り始める。日頃の運動不足が祟り、なかなか辛い。五合目あたりの広場で、南に視界が開けた。遠く大阪に続く町並みが一望できる。さらに七合目。北向きの展望台からは京都への眺めが広がる。

一時間ほどかけて、山頂に辿《たど》り着いた。木立に囲まれたこの場所からは遠景は望めない。しかし足元に、半分露《あら》わになった礎石が埋もれている。合戦で勝利を納めた秀吉が築いた、山崎城の跡だ。秀吉は合戦の一か月後には築城を始め、天正一二年の夏に大坂城へ移るまでの一年余、ここを起点に天下取りの基盤を固めていった。京都に睨《にら》みを利《き》かせながら、大坂へ移る準備をしていったのである。山崎城は、秀吉にとって、実利的な場所であったのだろう。

そして同時に、絶好の「記念碑」であったことも想像できる。この場所で、主君信長の仇を討った我こそは、天下統一を成し遂げるべき男であると世に知らしめるための広告塔。
制作が終わった四月、私は再び山崎を訪れた。桂川沿いの桜越しに仰いだ天王山は、見事だった。

さて、「歴史の境」と「地理の境」の偶然である。光秀にとって、京都を守ることは、その後の経営の上で必須条件であった。一方の秀吉は、摂津衆らを引き連れて西国街道を北上してくる。そうなると、京都の手前で隘路《あいろ》となる天王山の麓すなわち山崎で両者が激突したのは「必然」であったかも知れない。しかし、と取材を終えた今も、私は不思議な偶然を感じてしまう。中世的権威の象徴である京都と、新時代の都市大坂の境で、歴史が動いたということに。

もう一つの偶然。番組の最後のコメント。「その(秀吉の)天下統一の大事業の始まりは、天正一〇年六月一三日、天下分け目の天王山でした」
なんと「天」の多いこと！一文の中に四回出てくる。これは、いったい何か。

「天下統一」と「天下分け目」は、言い換えが可能である。ところが「天正」と「天王山」は、如何ともしがたい。私は、まず「天正」と「天王山」を調べ始めた。あるいは、この戦いの後に、「天王山」と名付けられたのではないかと考えて。しかし、当然のことながら戦いの前から、天王山は天王山と呼ばれていた。

つぎに、「天正」である。これも、文献ですぐに判明した。すなわち、信長が「天」を「正す」意志を込めて、朝廷に働きかけたということである。時代は、熟していた。信長は日本の七割を手中にし、天下統一を目前にしていた。もはや、「外」に敵はいなかった。しかし「内」には？

内なる者＝配下の武将が、一発逆転を目論《もくろ》むのは、戦国の世の常ではないか。裸同然の主君を討つのも、あるいは、「不慮の時」に備えて情報網を確立するのも、その先に「天下」が見えれば当然の行為だ。時は熟していた。光秀も秀吉も、誰もが天下を欲しかっただけだ。

その中で、秀吉は光秀よりも、明らかにどん欲であった。三重大学の藤田先生の言葉が印象的だ。
「秀吉は、大きなクーデターを予期し、情報網などの体制を築いていた。その意味で、初発の時点から秀吉の方が有利であった」

信長は、「天正時代」に天を正すことをめざし、それとは異なる形で、秀吉もまた「天正時代」に、天下が定まることを予感、あるいは自ら定めることを目論んでいたのかも知れない。その決定的瞬間が、「天王山」の麓であったのは、しかしやはり不思議な偶然だ。

時は熟し、舞台は定まり、主役は対峙《たいじ》した。かくして、天正一〇年六月十三日、京都と大阪の境に位置する天王山の麓で、天下分け目の決戦の火蓋《ひぶた》が切られた。

天王山の戦い・秀吉関連年表

1580年（天正8）	1月	秀吉、播磨三木城攻略
	4月	光秀、信長の命で備中の秀吉に加勢
1581年（天正9）	8月	光秀、因幡に出兵、秀吉に加勢
	11月	秀吉軍、淡路を平定
1582年（天正10）	正月	信長、安土城で諸大名の祝賀受ける
	3／5	信長、武田征伐のため出陣、光秀が従軍
	3／11	武田勝頼、自刃
	3／15	秀吉、備中攻略のため姫路城から出陣
	4／21	信長、武田氏を滅亡させ、安土城に凱旋
	5／7	秀吉、備中高松城を包囲、水攻めを行う
	5／18	信長、家康への供応（食事内容）で光秀を叱責
	5／27	光秀、愛宕山に参詣、くじを引く
	5／29	信長、中国遠征のため京都・本能寺宿泊
	6／2	光秀、本能寺の信長を襲撃、自刃させる 織田信忠、二条城で自刃
	6／3	秀吉、光秀の密使を捕らえて本能寺の変を知る
	6／4	秀吉、毛利氏と和睦
	6／6	秀吉、姫路城到着
	6／10	光秀、洞ケ峠に陣を組み、筒井順慶の協力を待つが不調
	6／13	光秀、勝龍寺城から山崎（天王山）へ進軍、秀吉軍に敗北 光秀、京都郊外で殺害される
	6／27	清洲会議
	10／15	秀吉、大徳寺で信長の葬儀を行う
	12／20	秀吉、岐阜城を攻め清洲会議の決定を拒絶した織田信孝を降伏させる
1583年（天正11）	4／21	秀吉、賤ヶ岳の戦いで柴田勝家軍撃破
	4／24	柴田勝家、北ノ庄城で自刃
	5／2	織田信孝、自刃
	9／1	秀吉、大坂に築城（大坂城）着手

専門家・作家による
参考文献案内

土山公人

『太閤記《たいこうき》』

新人物往来社（桑田忠親校訂）、教育社新書（吉田豊訳）などで刊行

土岐《とき》氏の支流で医術を家業とした小瀬甫庵《おぜほあん》（一五六四～一六四〇）が著した全二二巻の著作で、『豊臣記』とも呼ばれる。秀吉に関しては巻一六、慶長三年（一五九八）の醍醐《だいご》の花見で終わり、一七巻以降は、豊臣秀次滅亡や山中鹿之助の伝記、甫庵の儒教的政治論や秀吉の遺品分配目録などにあてられており、秀吉の死については直接言及されていない。甫庵の儒教思想に基づいた歴史解釈が多く、史実としては首肯できない点も多い。寛永二年（一六二五）開版、その後版を重ね、秀吉像形成に決定的な役割を果たした。甫庵太閤記のうち、宝永七年（一七一〇）版には、各巻に二から三葉の挿絵が添えられ、タイトルも『ゐ（絵）入太閤記』となっている。

『明智軍記《あけちぐんき》』

新人物往来社（二木謙一校注）、大衆書房（田中淑紀訳）などで刊行

全一〇巻、『明智記』ともいう。元禄一五年（一七〇二）刊行された。筆者は不明。光秀の諸国遍歴から本能寺の変、その後の清洲会議から柴田勝家の滅亡までを記している。『信長公記』『朝倉軍談』『江源武鑑』などをもとにしてつくられたと考えられ、良質な史料としてはあつかわれていない。

筆者は家康を東照大君と記し、巻一〇の「不仁之人者天罰不逃事」の章で「誠に人を利する者は、天必ず之をさいわいす。人を賊する者は、天必ず之に

禍すといえり。……今ぞ知ぬ。信長父子は信長殺せり。更に、明智に非さる事を。されとも定れる運命有と云ひ伝へしは、誠なる哉や」と信長を評するあたりに、江戸時代の歴史感がよく表れている。

『川角《かわすみ》太閤記』

勉誠社（志村有弘）などで刊行

著者は紀州徳川家の初代頼宣に仕えた川角三郎右衛門である。川角三郎右衛門が頼宣の求めに応じて提出した聞書《ききがき》が祖型であったと考えられている。秀吉生涯の伝記を意図したものでなく、太田牛一《ぎゅういち》の『信長公記』のあとをうけ、天正一〇年（一五八二）の本能寺の変から慶長五年（一六〇〇）の関ヶ原合戦までの事跡を記している。秀吉の伝記としては、大村由己の『天正記』、太田牛一の『太閤さま軍記のうち』とともに良質の史料である。最古の写本は東京大学附属図書館本であり、表題は『太閤記』であるが、甫庵の『太閤記』との混同をさけるため『川角太閤記』と呼ばれる。版行されたのは、嘉永三年（一八五〇）になってからである。

（つちやま　きみひと／信長、秀吉など安土桃山時代の研究家／著書・共著『織田信長』、『安土城』ほか）

その他関連参考文献

『秀吉』（堺屋太一／文春文庫）、『秀吉戦記』（谷口克広／集英社）、『明智光秀』（小和田哲男／PHP文庫）、『備中高松城水攻の検証』（林信雄／高松城址保存会）ほか。

幕末のプリンセス、日本を救う

皇女和宮の悲願

［その時、一八六八年（慶応四）三月一八日］

和宮江戸城輿入れ三代豊國画（日本浮世絵博物館蔵）

江戸時代の末、文久元年（一八六一）。
ある花嫁行列が京の町を江戸に向けて出発した。
行列の主人公は一六歳の少女、孝明天皇の妹、和宮《かずのみや》。
その日、和宮は徳川家に嫁いでいった。
朝廷と幕府を結ぶ政略結婚の犠牲となったのである。
結婚後は嫁と姑との確執に悩む日々。
和宮の心の支えとなったのは、夫の将軍家茂《いえもち》の優しさであったが、
幕末の動乱の中、家茂は若くして世を去る。
一人とり残された和宮は徳川家を救うために立ち上がる。
自分の命をかけて、実家の朝廷と嫁ぎ先の徳川家のあいだを
取り持とうとしたのである。
当時、江戸には戦火が迫っていた。
日本を深刻な内戦から救おうと奔走する和宮の動きに迫る。

〈ゲスト〉

杉本苑子（すぎもと　そのこ）

1925年東京都に生まれ、文化学院卒業。1951年『申楽新記』が「サンデー毎日」懸賞小説に入選し、翌年『燐の譜』でサンデー毎日大衆文芸賞を受賞。その後、蓄積の時期を経て、1962年に『孤愁の岸』で第48回直木賞、1978年『滝沢馬琴』で吉川英治文学賞などを受賞している。古典に対する造詣の深さと確かな構成力を持った歴史作家として知られる。1995年、永年の活動に対して文化功労者に認定される。

和宮像
増上寺蔵

和宮（一八四六—七七）
皇女・親子内親王。第一四代将軍徳川家茂の正室。仁孝天皇の第八皇女で、母は橋本実久の娘経子（法名観行院）。孝明天皇は異母兄にあたる。一八五一年（嘉永四）六歳で有栖川宮熾仁親王と婚約するが、公武合体政策により一八六二年江戸城にて家茂と結婚。家茂が長州征討で上洛中病死したため薙髪（ちはつ）して静寛院宮と名のった。朝廷に徳川家の存続を働きかけ、箱根塔ノ沢温泉で脚気療養中に他界。

政略結婚の舞台裏

皇女《こうじょ》和宮《かずのみや》の生い立ち

皇女和宮は、和宮親子内親王《ちかこないしんのう》が正式な呼称だが、幼児の愛称である和宮が、一般的でなじみがある。

少女の面影を残す柔和な顔の銅像が、東京都港区芝公園の増上寺《ぞうじょうじ》に所蔵されている。後世の人々が知る和宮のイメージの原形である。

和宮は、弘化《こうか》三年（一八四六）に、仁孝《にんこう》天皇の娘、のちの孝明《こうめい》天皇の妹として生まれた。

生誕の地は、京都御所《ごしょ》のすぐ近く、今は京都御苑《ぎょえん》の中にあたるところである。

現在は京都市の一般公開の公園となっているが、当時、この辺りは公《く》家《げ》の館が建ち並ぶお屋敷町であった。

和宮が生まれた橋本家もその中の一軒で、和宮の母親の実家である。

橋本家には、今も和宮の幼い頃を偲《しの》ばせる物が残っている。

御所の伝統的な玩具である押絵《おしえ》や、部屋で遊んだ玩具などにまじって、和宮自身が作ったとされる紙人形も、愛らしい姿そのままに残っている。

橋本春彦氏蔵

押絵

橋本春彦氏蔵

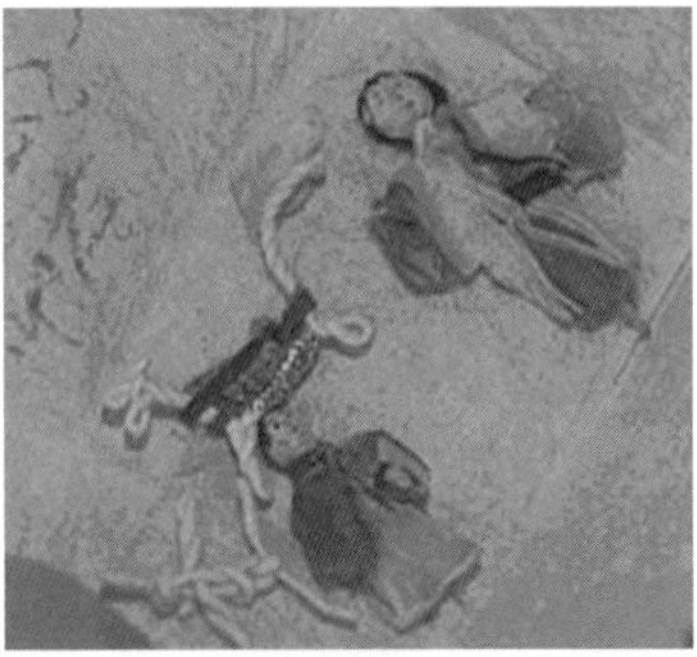

紙人形

仁孝天皇（一八〇〇―四六）
江戸時代後期の天皇で在位は一八一七―四六年。光格天皇の第六皇子で和宮の父。しかし和宮が生まれたのは仁孝天皇が亡くなって五か月後であったため父の面影は知らない。生前は古儀の再興や廷臣の奨学に努め、堂上子弟の学問所を計画し、のちの学習院を創設した。

孝明天皇（一八三一―六六）
幕末期の天皇で在位は一八四六―六六年。仁孝天皇の第四皇子で和宮の異母兄。鎖国攘夷論者で日米和親条約は許可したが通商条約は認めなかった。国内一致のために公武合体政策を推し、妹和宮を徳川家茂に降嫁させた。その後も攘夷の立場を守った。墓所は京都東山泉涌寺の後月輪（のちのつきのわ）東山陵。

京都御苑
京都市街のほぼ中心の京都市上京区にあり、樹々が生い茂り芝生も広がる。苑内やや北寄りの土塀を巡らしたところに京都御所がある。

桂御所
京都御所の北東、石薬師御門脇にあった桂宮邸。一八五四年（安政一）皇居が炎上した折りに、一時期仮皇居として使われていた。西京区桂にある桂離宮は八条宮の別邸。

有栖川宮熾仁親王（一八三五―九五）
幕末、明治期の皇族。有栖川宮幟仁（たかひと）の長男。攘夷論者で一八六七年（慶応三）の王政復古の大号令によって三職が置かれた際、総裁に就任した。戊辰戦争では東征大総督として官軍を率いて江戸に入り江戸城を無血開城させている。のち福岡県知事、参謀総長などを歴任した。

桂御所

和宮が一五歳頃に住んでいた御殿も、今は京都市中京区の、現二条城本丸御殿に、桂《かつら》御所として移築され、豪華なふすま絵で飾られた部屋を見ることができる。

和宮はそのような美しい部屋で、数え切れないほどの玩具に囲まれ、侍女たちにかしずかれて、大切に育てられた。

めったに屋敷の外へ出ることもなかったと思われる。

六歳の時には、皇族の一人、有栖川宮熾仁《ありすがわのみやたるひと》親王と婚約した。

皇女和宮は、そのまますこやかに成長したのち、妻として、あるいは優しい母親として、京の都の御所だけの世界で、平穏な暮らしを送るはずだった。

黒船伝来と開国

しかしこのころ、日本を揺るがす大事件が起こる。

嘉永《かえい》六年（一八五三）の黒船来航である。ペリーは大統領の親書を幕府が受け取らなければ、戦いも辞さないというほど強い姿勢で、日本に開国を迫る。

徳川二五〇年の、泰平《たいへい》の世に慣れていた幕府は大混乱に陥ったのだ。

結局、幕府は徐々に開国を進めていかざるを得ず、神奈川条約、日米修好通商条約、神奈川・長崎・箱（函）館開港、などを決めてしまう。

欧米の脅《おど》しに屈していく幕府の弱腰な態度に、日々、批判の声が高まっていく。

安政《あんせい》の大獄《たいごく》、幕府要人の暗殺（桜田門外の変）など、国内は不穏な空気につつまれて騒然となった。

幕府の権威は急速に失墜《しっつい》していった。

公武合体《こうぶがったい》

そこで、幕府は失地を回復するために、騒然とした世の中を鎮めるために、天皇の権威にすがることを思いついた。

黒船来航

一八五三年（嘉永六）米国から海軍提督ペリー率いる黒塗りの戦艦四隻が浦賀に来航し、大統領の国書を手交（しゅこう）した。翌年も八隻を率いて威嚇を行いながら条約の締結を要求した。五四年に日米和親条約（神奈川条約）、五八年（安政五）に通商上、不平等な日米修好通商条約締結。イギリス、ロシア、オランダなどとも同様の条約を結ぶ。当時の日本人にとって黒船は欧米諸国の圧力の象徴であった。

桜田門外の変

一八六〇年（万延一）水戸浪士を中心とする尊王攘夷派志士が大老井伊直弼を暗殺した事件。これは一八五八―五九年にかけて江戸幕府が行った反幕勢力弾圧である「安政の大獄」に端を発している。江戸城前で大老が殺されたことで幕府の威信は落ち、反幕運動激化へのきっかけとなった。

公武合体
幕末期に天皇・朝廷の権威と手を結んで朝廷と幕府の融和を図り、幕藩関係の再編・強化を図ろうとした幕府の政策。

●財団法人黒船館 資料探索
番組の中で和宮が見ていた恐ろしい形相のペリーの錦絵はこちらに所蔵されている。
新潟県柏崎市青海川181
TEL0257−21−1188
JR青海川駅から徒歩20分

一方、江戸幕府が開かれて以来ずっと権力から遠ざけられていた朝廷側にも、なんとかして発言力を高めたいという思惑があった。

幕府は天皇家との婚姻によって権威を回復しようと動き出した。いわゆる公武合体の政策である。

「公」は朝廷。「武」は幕府、将軍家、徳川家。その「公」と「武」を両家の婚姻によって合体しようとしたのである。

幕府が嫁にと望んだのが和宮であった。この時、一五歳。天皇家の年頃を迎えたただ一人の娘であった。

宮中以外の世界を知らない少女には、江戸は恐ろしいところであった。新潟県柏崎市の黒船館に残されている「天狗《てんぐ》ペリー」などの錦絵を見ると、当時初めて見た外国人ということで、そうとう大げさに、まさに天狗のような顔が描かれている。

和宮もそのような錦絵《にしきえ》を眺めることでもあったのか、江戸は、鬼のような異人たちが歩き回っているところに違いないと考える。

和宮はどうしても承知できないと強く拒んでいた。

錦絵
浮世絵版画の様式の一つで、多色刷りの精巧な木版画をいう。赤・青・黄・緑の原色と多くの中間色を重ねて特殊な色彩を表す。一七六五年（明和二）鈴木春信がこの技法を初めて用いたと言われる。

岩倉具視（一八二五―八三）
幕末、明治期の政治家。公家出身。公武合体に力を入れ皇妹和宮の降嫁を仲立ちした。その後攘夷論に傾き倒幕、王政復古への動きに加わった。明治維新後は新政府の中心となり天皇主権の立場から士族の反乱や自由民権運動をおさえた。

(財)岩倉公旧跡保存会蔵

和宮の輿入《こしい》れは朝廷にも大きな議論を巻き起こしたが……。

やがて一人の公家の意見が、和宮の運命を決定した。

岩倉具視《ともみ》の「和宮降嫁《こうか》建白書」である。

「今はまさに皇国日本の危機と言えるでしょう。幕府の無力は明らかですが、あえて申し出を受け、和宮の輿入れを進めるべきです。そうすれば、政治の実権は隠然と朝廷に取り戻せるでしょう」

この際、幕府の無理を聞いて、幕府の言うことを聞いたら、朝廷の発

(財)黒船館蔵

天狗ペリー

●和宮降嫁建白書　資料探索
和宮降嫁建白書の記述がある、「岩倉公実記」の原書は岩倉公旧跡保存会で所蔵。刊行書としては「岩倉公実記（上巻）」（原書房）で読める。
岩倉公旧跡保存会
京都市左京区岩倉上蔵町100
TEL075−781−7984

言力は高まるではないか、ということである。

岩倉具視は下級公家の家に生まれたが、孝明天皇の侍従となって、日米修好通商条約の勅許問題では反対派に立ち、当時は天皇の信望が厚かった。

天皇はこの岩倉具視の意見を入れて、和宮の輿入れを決定する。

和宮はやむなく江戸へ行くことを決意せざるを得なかった。

両者の思惑が一致して、公武合体が成立し、その象徴的な出来事として、和宮の徳川家への降嫁ということになったのである。

我が国、歴史上初めてのことであった。

惜しまじな君と民とのためならば
身は武蔵野の露と消ゆとも

朝廷のため、国を守るために、我が身は犠牲となりましょう。

和宮は自らにそう言い聞かせ、江戸行きを承諾した。

万延《まんえん》元年（一八六〇）八月一五日のことだった。
明治維新の八年前。
はたして、一五歳の少女、和宮の心境はいかがなものだったのか。
日本史の女性たちをテーマにした歴史小説を数多く執筆してきた、作家の杉本苑子さんにうかがった。

——和宮の和歌の意味は、これはこの通りなんですけれども、これを一五、六歳の少女が詠《よ》んだという、これはそうとう悲痛の思いだったんでしょうね。

杉本　そうでしょうね。

もっともこの歌は、こういう場合の紋切り型と言えば言えるのです。当時の旧派の歌と言いましょうか。昔から連綿と生きてきた歌の骨法を踏まえている詠み方ですけれど。

しかし、常套的とはいえ一五歳の少女が「君と民とのためならば」という決意を持ったのは並々ならないことで、まだ大きな意味での自覚とか把握とかは無理としても、「とにかく自分は大任を帯びて、嫌だけれども行くのだ。東へ下っていくのだ」という決意は、ありあまるほどに溢《あふ》れておりますね。

――悲痛な使命感ですね。

杉本　和宮の場合、有栖川宮熾仁親王という年上の許婚者《いいなずけ》がおりました。皇族にしても武家にしても、上層階級では幼い時から結婚相手を決めるのですが、私の少女時代には、和宮が婦徳の鑑《かがみ》のような形で少女小説などに書かれていました。つまり愛する許婚者との仲を裂かれたということが悲劇の第一歩と見られたわけですね。

それは、東夷《あずまえびす》の将軍家などへ降嫁するよりも、京都で同じ宮様同士、結ばれるほうがよいに決まっていますけど、両方とも一度か二度、顔を合わせたくらいのおつきあいだったでしょうし、あるいは単に口約束だけだったかもしれない。つまり仲を裂かれると言うほどの、深刻さはなかったと思います。

それよりも、この歌からは、無我夢中ながら真剣な、少女らしい使命感のほとばしりを感じて、好感が持てますね。

花嫁大行列、中山道を行く

東京・両国にある江戸東京博物館には和宮の輿入れを前に幕府が用意した婚礼調度のいくつかが残されている。

漆《うるし》塗りの二段重ねの化粧箱は「眉作箱《まゆつくりばこ》」と言われ、黛《まゆずみ》を入れる器や、

中山道
江戸時代の五街道の一つで、江戸―京都間を結ぶ。木曽路、木曽街道とも呼ぶ。江戸日本橋を起点とし、上野（群馬県）・信濃（長野県）・木曽谷（長野県）から、美濃（岐阜県）・近江（滋賀県）に入り、草津（滋賀県）で東海道に合流する。一二九里（約五一六キロ）、六七宿。東海道を表とするなら中山道は裏にあたる。大河が少ないため川止めの心配はなかったが山の険しい木曽谷を含むため街道沿いはあまり産業が発達しなかった。

●江戸東京博物館　資料探索
一九九三年に東京都墨田区横網に開館した。徳川家康が江戸に入ってから東京オリンピックまでの約四〇〇年間の政治・文化の移り変わりを見ることができる。館内は「江戸ゾーン」「東京ゾーン」「通史ゾーン」で構成されている。
TEL03―3626―9918
JR両国駅から徒歩5分

東京都江戸東京博物館蔵

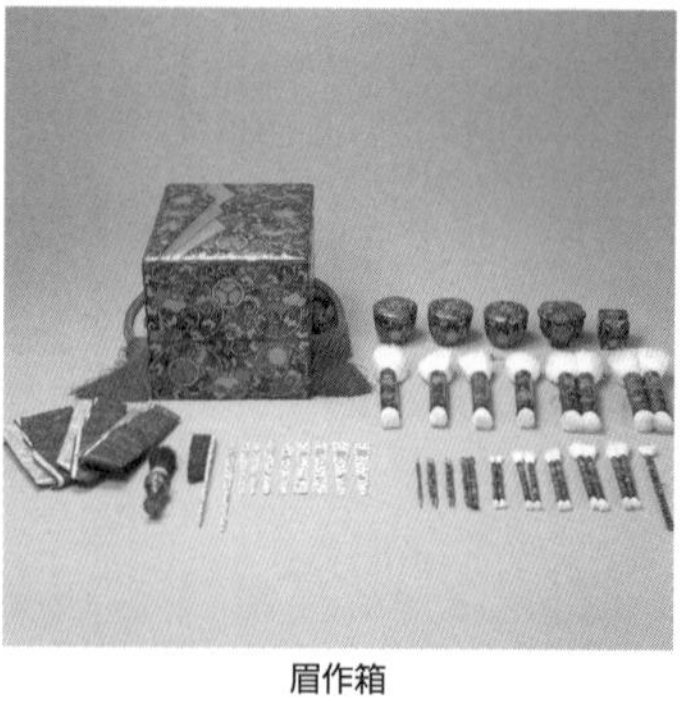

眉作箱

化粧に使う刷毛《はけ》、へらなどが、ぎっしりと納められている。刷毛だけでも大小二〇あまり。どれにも見事な蒔絵《まきえ》が施《ほどこ》されている。

当時の婚礼の場合、たいがい両家の家紋をつけて持たせるという慣例はあったが、和宮の婚礼調度には、そのすべてに、天皇家ゆかりの葉菊紋と、徳川家の葵の紋が並んで施され、まさに、公武合体という一つの事件を象徴する道具であるとも言える。

文久元年（一八六一）一〇月二〇日、一六歳の花嫁、和宮の行列が京の都を出発した。

大行列の様子は、中山道ミニ博物館に残っている「和宮様御下向図《おんげこうず》」などの絵図でも見られるが、記録としては、大垣市赤坂宿の記録がもっとも詳細である。

こうした記録から推定すると、行列本体（和宮づきの人々や諸藩藩士）六〇〇〇人。沿道の警備、およそ五〇〇〇人。行列の長さは五〇キロメートル。

葉菊紋
皇室の正式紋は日月（じっげつ）紋であり、周知されている菊花紋または葉菊紋は替紋である。

葵の紋
フタバアオイの葉を紋章化したもの。三枚の葉を用い巴形に組み合わせた紋所が徳川家の紋である。

赤坂宿
美濃国西南部（岐阜県大垣市）の中山道宿。東部を流れる杭瀬川に渡船場があり、宿場として人馬が置かれていた。

赤坂宿記録帳

●中山道ミニ博物館　資料探索

和宮の婚礼行列を記した「和宮様御下向図」が所蔵されている。

（問い合わせ）

岐阜県不破郡垂井町2339

TEL0584-22-2897

婚礼の行列をこんなに大がかりにしたのには理由がある。それは幕府が公武合体の政策を広く世に知らせようと思ったからである。

和宮の行列が通過した中山道には、今もその時の様子を伝えるものが残っている。

赤坂宿では、行列の通過に備えて、街道沿いの家を改修する工事が行われ、「嫁入り普請《ぶしん》」と呼ばれた。空き地にはすべて新しい家が建てられ、古い家は建て替えを命じられた。赤坂宿の約三割が、工事の対象だったと言われる。

赤坂宿

中津川市
岐阜県南東部、木曽川中流域と中津川、阿木川が流れ、広大な木曽谷への入り口となっている。中山道の宿場町の一つとなり発達した。

篠原家

中津川市の、代々庄屋を務めていた篠原家には、和宮が立ち寄って一時間ばかり休憩をとった部屋が、今も当時のまま残っている。門が建て替えられ、庭には籠《かご》を置くために石の枠《わく》が造られ、奥の部屋は一段高い上段の間に改造され、トイレも新設された。

和宮の使わなかったトイレは、それ以後も誰にも使用されずに、使わずのトイレと言われている。

和宮の花嫁大行列は、長い時間をかけて中山道を進んでいった。その様子は中山道の「御下向図」のほか、歌川国芳《くによし》・画による錦絵「狐《きつね》嫁入り図」にも残っている。

京都を出発してから二五日目の一一月一五日、ようやく江戸に到着。そして、その三か月後に、将軍と朝廷の娘の結婚の儀が盛大に執り行われた。

明治維新の六年前の出来事であった。

狐嫁入り図

(財)日本浮世絵博物館蔵

歌川国芳（一七九七—一八六一）
江戸時代後期の浮世絵師。神田の染物業柳屋に生まれる。一八歳で初代歌川豊国の門人となり、絵本、草双紙の挿絵、錦絵などを手がけた。豊国の役者絵、広重の風景画、国芳の武者絵の評判に、世間では三羽烏と呼んだ。

——五〇キロとはシドニーオリンピックのマラソン代表、高橋尚子《なおこ》さんが走っても、二時間五〇分かかる。大デモンストレーションです。当時の人たちはどう見ていたのでしょう。「狐嫁入り図」というのがありますが、はたして、騙《だま》されて行くのか、騙しに行くのか。

杉本　両方に解釈できますね。天朝様贔屓《びいき》、つまり、京を中心とする上《かみ》方《がた》の庶民感情。公方《くぼう》様贔屓、江戸を中心とする関東の庶民感情。庶民レベルで、一種の対立感情みたいなものがあったわけでして、江戸の民衆から見たら、京都の狐が化かしにくる。そんな痛烈な、皮肉な錦絵と言えますね。

何しろ当時は、天朝様のいらっしゃるところが双六《すごろく》で言えば上《あが》りであり、「京上《のぼ》り、江戸下《くだ》り」というようなコンプレックスも、江戸の庶民感情にはあったわけです。

でも幕府の側にしてみれば「沿道の家を建て替えさせるほど気を配《くば》って、お迎えしているのです」ということを朝廷に見せたかったのでしょう。

高橋尚子
マラソン選手。一九七二年岐阜県に生まれ、県立岐阜商高から大阪学院大学に進学し、インカレで活躍した。リクルートの小出監督に師事し、一九九七年から小出監督とともに積水化学に移籍。翌年の名古屋国際女子マラソンおよびバンコク・アジア大会マラソンで日本・アジア最高記録を出す快挙。二〇〇〇年シドニーオリンピック代表選手に選ばれる。

東海道を避けて中山道にしたのは、万が一、和宮のお身柄が過激派などに奪われると大変だ、という用心でもありました。とにかくそれほど、幕府は気をつかっていたのです。

――いまでも京都へ行くと「いつ、お上りやした」というふうに。

杉本　そう、いまでも京都が中心ですわね。なにしろ平安朝の頃からの古都ですからね。

――一二〇〇年ですね。

杉本　そのプライドは大変なものでしたし、両方の庶民感情はなかなかデリケートでした。それを象徴したような狐の錦絵、おもしろいですね。

政略結婚を乗り越えて

嫁と姑

将軍の妻、一七歳の和宮。その住まいは、江戸城の本丸御殿のもっとも奥まったところの、将軍の妻や側室たちが暮らす、大奥《おおおく》だった。大奥には二五〇年にわたる伝統と細かいしきたりがあり、二〇〇〇人とも言われた奥女中がいた。この時、その大奥を取り仕切っていたのは薩摩《さつま》藩から先代将軍に嫁いできた女性、天璋院《てんしょういん》だった。つまり、和宮の姑《しゅうとめ》である。

嫁と姑。二人の対立は和宮が大奥へ入ったその日から始まった。

天璋院は上段の間で敷物の上に座って、和宮を待っていた。

それに対し、和宮の席は、下座にもうけられ、敷物はなかった。畳にじかに座らされた。宮中では考えられないこの待遇に、天皇の妹、和宮

個人蔵

天璋院（一八三六―八三）
幕末期の徳川第一三代将軍家定の正室。薩摩藩の支族島津忠剛（ただかた）の娘。名は敬子（すみこ）、篤姫と称した。一八五六年（安政三）家定と結婚。二年後家定死去によって剃髪し、天璋院と号した。

江戸城
徳川氏一五代の将軍の居城で江戸期の政治の中央機関。千代田城とも呼ばれた。現在の皇居。家康・秀忠・家光三代にわたって造営され、一六三六年（寛永一三）完成したが再三火災にあい明暦の大火で焼失した天守閣は再建されていない。本城内本丸は表向と大奥向とに分かれており、将軍および側

室の居館であった。大奥は将軍以外、男子禁制。

徳川家茂（一八四六—六六）江戸幕府の第一四代将軍。紀州藩主徳川斉順（なりゆき）の長男として生まれ、一八四九年（嘉永二）四歳で藩主となった。時の一三代将軍家定の後嗣問題で一橋慶喜（のち第一五代将軍）と争うが、家茂を擁する井伊直弼が大老に就任したことから将軍職に就任した。公武合体のため和宮と結婚し上洛して公武の融和に尽力したが実らなかった。六六年（慶応二）第二次長州征討に進発したが大坂城で敗報を聞き病死した。

個人蔵

は強い戸惑いを感じたと考えられる。

一方、天璋院も大いに憤ったことがあった。この時、和宮からの土産物の目録が渡されたが、その宛名は「天璋院へ」と、呼び捨てであった。天皇の妹である和宮にとって当然の振る舞いが、天璋院の神経を逆撫でした。

京の都とまったく異なる江戸城大奥での暮らしに、当初和宮はなじむことができなかった。

それは寂しい日々の連続だったと想像される。

そんな和宮にとって救いとなったのは、夫の将軍家茂《いえもち》であった。家茂は優しい性格で、家臣に慕われていた。

家茂は公務の合間にしばしば和宮のもとを訪れては、さまざまの贈り物をした。

和宮に真の愛情をそそげば、朝廷と幕府の関係もきっとうまくいくだろう。家茂はこのように考え、和宮を大切にしていたのである。

和宮もこうした家茂の愛情に応える。

ある日、庭に下りようとしたとき、和宮と天璋院の草履《ぞうり》だけが踏み石の上にあり、家茂の草履は下に置かれていた。
それを見た和宮は急いで飛び降りて、将軍の草履を上に上げて、おじぎをした。それ以来、和宮と天璋院のあいだの諍《いさか》いは、ぴたりと静まったという。
和宮は賢明にも、時を経るにつれて武家の習慣になじみ、夫との愛を深めていったのである。

長州征伐と家茂の死

しかしこのころ、京都は不穏な空気に包まれていた。尊王攘夷《そんのうじょうい》派の中心であった長州藩と、公武合体派の薩摩藩が対立し、元治元年（一八六四）の、薩摩と長州が初めて戦った「禁門の変」や、薩摩藩士暗殺の「寺田屋事件」など、官幕勢力による争いや暗殺が相次いでいた。

長州征伐
江戸末期、二度にわたって行われた幕府の長州藩攻撃。一八六四年（元治一）「蛤御門の変」での京都御所への発砲を理由に、幕府は尊王攘夷派の拠点である長州藩に出兵、長州藩は戦わずに幕府に屈服した。これを不満とした藩士高杉晋作らが奇兵隊を組織し幕府に反抗。幕府軍は再征したが六六年（慶応二）薩長連合軍に敗れた。

尊王攘夷
江戸末期に起こった政治思想、政治改革運動。儒学の王者を尊び、覇者をいやしむ尊王斥覇論に影響を受けた。攘夷とは同じく儒学の中華思想や国学の神国論に基づき江戸末期の外国勢力の圧迫に反発する極端な排外主義のこと。

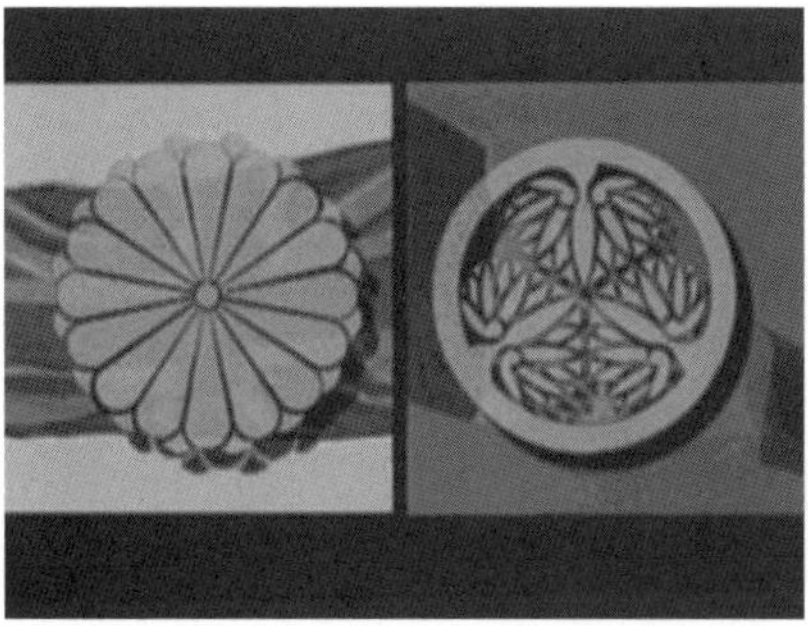

公武合体派の公家たちは、朝廷から一掃され、京都では幕府に反対する勢力が日増しに強くなっていた。

公武合体の気運を再び盛り上げたい。家茂はたびたび京の都に出向くようになる。

そうしたなか、幕府を倒そうとする長州藩と幕府の間に戦争が起こり、家茂を総大将とする幕府軍は、長州藩に完敗した。

和宮は家茂が京都に向かうたびに、無事に江戸に戻ることを祈って、お百度参りをした。

だが、その懸命な祈りも、むなしい結果になった。

慶応二年（一八六六）七月、江戸城大奥の和宮のもとには、夫、家茂の死の知らせが届いた。

家茂は大坂城内で病死。享年《きょうねん》二一歳。

この時、和宮も二一歳。

若い二人がそばにいて一緒に暮らしたのは、わずか二年あまりの年月だった。

西陣織
京都市西陣地区産出の高級で精巧な絹織物の総称。平安京に織部司（おりべつかさ）があり、応仁の乱後さびれたが、西陣の地で再興され現在に至る。

公武合体が破綻《はたん》しても

夫の亡骸《なきがら》とともに、和宮のもとには一反の織物が届けられる。京都の西陣織だった。

それは家茂が最後に江戸を出発した時、和宮がおみやげにとせがんだものだった。

空蟬《うつせみ》の唐織衣《からおりごろも》何かせむ
綾も錦も君ありてこそ

どんな高級な織物も、あなたがいなければ虚しい限りです。

和宮は二一で髪を下ろして、静寛院宮を名のった。

この時、和宮に対して、京都に帰るように勧める声もあった。それに対し、和宮は、はるばる嫁いできたからには徳川家のために尽くしたい、

石竹
ナデシコ属ナデシコ科の多年草。カラナデシコともいい、中国南西部に自生。日本には古来から入り観賞用に栽培されている。開花時期は夏、および四季咲きの性質をもつ。花の色は紅、淡紅色、白などがある。

と答えて、江戸に残った。

明治維新の二年前のことであった。

――当初あんなに嫌った江戸に残るんですね。これは和宮の意地ですか、家茂への愛情ですか。

杉本　私は、家茂への愛情だと思います。わずか二年と少しだけれど、やはり彼女にとっては容易ならざる時間だったと思うのです。

一五歳で、見も知らぬ東《あずま》へ下ろうという時に、ああいう紋切り型の、教えられたとおりのような、固い感情のままで歌を詠んだ少女が、はじめて夫という異性を得た。

しかもその夫がひじょうに優しい人で、ガラスの水槽に入れた金魚やら石竹《せきちく》の花やら、さまざまに心を砕いて、和宮を慰めようとしています。

妻となり夫となった結びつきは、彼女の心身を急速に成長させました。円満な、あたたかな、家茂とのくらしの日々……。同時にしっかりとした将軍家の妻となり、そのうえ、天皇家から降嫁した皇女としての自覚をも、彼女の中に育てていった。そういう貴重な二年間だったと思います。

一人のカチカチに緊張していた少女から、人肌の温《ぬく》もりを知った若い女性の成長を感じますね。

それは現代のマイホームでの、若妻のケースなどとは違うわけです。和宮のうしろには、さまざまな政争やら任務やら、国内外の情勢の推移など、重大な特殊事情が控えているわけですから、その人間としての成長は日本のためにも、非常に貴重だったはずなのです。

薩長同盟
一八六六年（慶応二）一月二一日に締結、幕府の第二次長州征伐に対する薩摩、長州両藩の軍事同盟。幕府と長州が交戦した時の、薩摩の出兵。長州藩が復権していくための薩摩藩の協力。復権がならなかった時の武力行使の決意。復権した場合、朝廷の威信回復への尽力など六か条が盛り込まれた。

徳川慶喜（一八三七—一九一三）
江戸幕府の第一五代将軍。水戸藩主徳川斉昭（なりあき）の七男として生まれ、一八四七年（弘化四）御三卿の一橋家を継いだ。六六年（慶応二）将軍職に就任。翌年一〇月大政を奉還し徳川幕府を終焉させた。六八年「鳥羽・伏見の戦い」で敗れ徳川家を一六代当主家達（いえさと）に譲り隠居した。六九年（明治二）謹慎を解かれてのちに公爵となった。

和宮の悲願、官軍を止める

官軍、江戸へ進撃

慶応二年（一八六六）一月、雄藩薩摩が、倒幕をかかげていた長州と同盟をむすび、幕府打倒にのりだした。

これに対し翌、慶応三年一〇月、第一五代将軍徳川慶喜《よしのぶ》は、先手をうってついに大政を奉還した。混乱は必至であった。

一二月、江戸では幕府軍が薩摩藩を焼き討ちする事件があった。そして、慶応四年（一八六八）一月三日、京都鳥羽《とば》・伏見《ふしみ》で、幕府と薩摩長州連合軍が衝突した（鳥羽・伏見の戦い）。

幕府軍は数では勝っていたが、討幕軍は最新式の武器を備えていた。筒袖の洋服を着て、整列して行進する、すでに、近代的な軍隊であった。

旧来の武士の集団であった幕府軍は負けた。

朝廷は薩摩長州の軍勢を朝廷の軍隊、つまり官軍と認め、幕府を朝廷の敵、朝敵と決めつけた。公武合体政策も徒労に、朝廷と幕府はとうとう敵と味方に分かれて、対立することになった。

官軍は江戸に総攻撃をかけるため、一月五日、先陣が京都を出発。東海道や中山道を進撃する。

いわゆる戊辰《ぼしん》戦争の始まりである。官軍は北陸、山陰、山陽など、各方面にも同時に軍を出している。

江戸に向けての東征鎮撫軍《とうせいちんぶぐん》は、大総督があの、有栖川宮熾仁親王で、彼は、二月一五日に京都を出発した。

同じ頃、幕府の中では、朝廷と真っ向から対決しようとする、徹底抗戦派が大勢を占めていた。

幕府の背後にはフランスがいた。官軍にはイギリスの影があった。幕府と朝廷の対立が長引くと、こうした国々の介入を招いて、大混乱に陥る可能性もあった。

鳥羽・伏見の戦い
一八六八年（慶応四）「戊辰戦争」の発端となった、京都郊外の鳥羽・伏見における新政府軍と旧幕府軍との戦い。徳川慶喜率いる幕府側の敗戦に終わった。以後は、これに続く戊辰戦争で幕府勢力はすっかり取り除かれた。

戊辰戦争
一八六八年（慶応四）戊辰の年、一月三日の鳥羽・伏見の戦いから始まった新政府軍（討幕派）と旧幕府軍の戦い。上野戦争、奥羽越列藩同盟との戦い、会津戦争を経て、翌六九年五月の箱（函）館五稜郭の戦いで、旧幕府軍が降伏するまで続いた。封建制度の崩壊により、中央集権的統一国家の樹立がなされることとなった。

東征鎮撫軍
戊辰戦争の臨時征伐官。東海道・中山道・北陸道の三方の先鋒総督として有栖川宮熾仁親王が一八六八年（慶応四）二月九日に任命され、二月一五日、京都を出発した。東北地方平定を機に一〇月二九日解任。

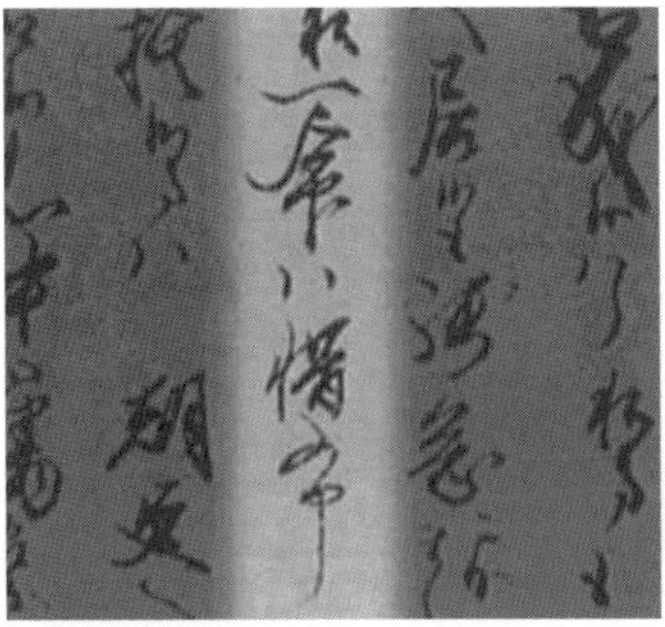
和宮手紙
宮内庁書陵部蔵「静寛院宮御日記」（一部）

嫁ぎ先と実家の狭間

髪を下ろして、静寛院宮となった和宮ではあったが、ひとり家茂の死を悲しんでいる場合ではなかった。

なんとかして幕府と朝廷の全面対決を避けなければならない。それには私しかいない。

和宮には公武合体のために降嫁したという使命があった。嫁ぎ先と実家のあいだを取り持つため、和宮は動き出す。

一月二〇日、和宮は朝廷に宛《あ》てて一通の手紙をしたためた。

「徳川家が後世まで朝敵の汚名を残すことは、私にとって真に残念なことです。何卒《なにとぞ》私へのお慈悲とお思いになり、徳川家が朝敵の汚名を残さぬよう、また徳川家をお取り潰しにならぬよう、身命に代えてお願いいたします。私としては、徳川家の滅亡を目にしながら生きながらえるわけにも参りません。そのようなときは覚悟を決め、一命を惜しまぬつもりです」

二月二五日に、その返事がきたが、内容は厳しいものであった。

「寛大な措置《そち》は難しい。きっと徳川家の討伐が行われるだろう」

この頃官軍はさらに江戸に近づきつつあった。各地の大名を服従させながら、東海道の官軍は進撃を続け、この頃はもう静岡県の金谷《かなや》に到着していた。
翌日、二月二六日、和宮は自らの苦しい立場を率直に訴えかけた手紙

東海道
江戸時代の五街道の一つ。古代から近世にかけて国内第一の道路であった。江戸日本橋を起点に終着地京都まで品川宿（東京都）から大津宿（滋賀県）まで五三宿あり、東海道五三次として発達した。長さは約一二五里（五〇〇キロ）。街道の両側には松が植えられた。

金谷
静岡県榛原郡（はいばらぐん）の大井川西岸の地域で、東海道の川越えの宿場町として東岸の島田と向かい合って栄えた。静岡県中部にあたり茶の生産地としても知られる。

を、その東海道の官軍に送る。

「朝廷に対し孝《こう》を立てて生きながらえれば、徳川家に対し不義となります。しかし、徳川家への義理のために死ねば、父の帝に対して孝が立てられません。大変当惑しております」

しかし、官軍の進撃は止まらなかった。

三月一二日には、もっとも早く進軍していた中山道の官軍が、江戸から二五キロの蕨《わらび》に到着。

この頃には江戸城総攻撃は三月一五日に決まっていた。

あと三日後。

和宮、最後の通達

和宮はまた筆を執る。

この手紙は江戸を目の前にした、中山道の官軍の指揮官に直接宛てられたものである。

蕨
埼玉県蕨市。江戸時代、中山道の宿場町として発達した。江戸末期から双子じまの綿織物の産地となった。

西郷隆盛と勝海舟

明治神宮聖徳記念絵画館蔵

板橋宿
中山道の宿場町の一つ。日本橋から最初の宿で、現在の東京都板橋区板橋本町付近である。

西郷隆盛（一八二七―七七）
幕末、明治期の政治家。薩摩藩下級武士の出身。一八六四年（元治一）「蛤御門の変」や第一次長州征伐で活躍した。六六年薩長同盟を結ぶ。王政復古に尽力し、戊辰

「どうか私の心中をお察しください。江戸へ進軍なさるのは、何卒いましばらく、ご猶予《ゆうよ》ください」

(財)岩倉公旧跡保存会蔵

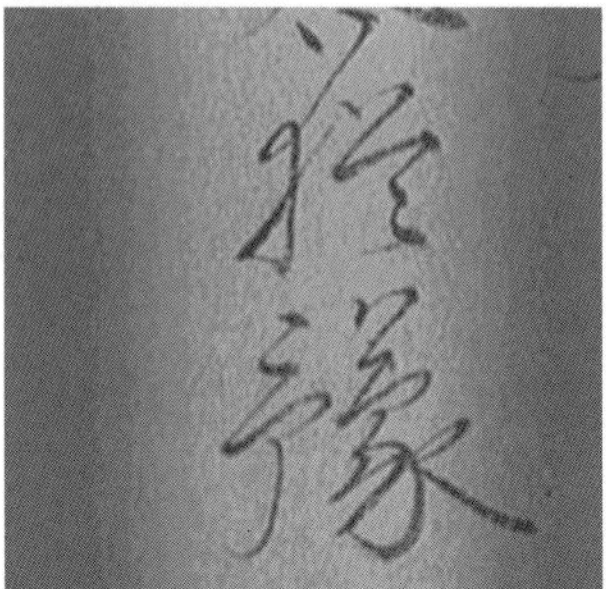

和宮手紙

この和宮の手紙を受け取った官軍は、中山道の板橋の宿で、ついに進軍を一時停止した。

慶応四年三月一三日。江戸城総攻撃予定日の二日前。江戸まで、あと一〇キロの地点だった。

あくる三月一四日、官軍の参謀、西郷隆盛《たかもり》と幕府の重臣、勝海舟《かつかいしゅう》は、和平の交渉の席に着いた。

そしてついに、西郷隆盛は、江戸城明け渡し等を条件に、江戸城総攻撃中止を決定した。

ひと安心はしたものの、和宮にはまだもう一つの不安があった。

さきの、中山道の官軍に宛てた手紙には、その不安をうかがわせる言葉があった。

「江戸には様々な人間がおります。心得違いのものたちが勝手に戦争を始めるのではないかと、深く心配しております」

江戸ではまだ徹底抗戦を唱えるものが多い。衝突が起こる危険性はまだまだあったのである。

そこで三月一八日。

和宮は江戸城内で、幕府の家臣たちに通達を出す。

「ただただ神君《しんくん》家康公《いえやすこう》以来の徳川家の家名が立つよう、謹慎を続けるように。抵抗さえしなければ、徳川家が滅ぶことはないのです」

和宮は家康の名を借りて家臣たちを説得し、戦争を避けようと最後の努力を続けたのだ。

戦争では江戸城無血開城に成功した。七二年（明治五）陸軍大将となるが翌年征韓論を主張して敗れ帰郷。七七年私学校の士族の生徒が起こした反乱（西南戦争）で首領に担がれて敗れ、城山で自決した。

勝海舟（一八二三―九九）
幕末の旗本、明治期の政治家。海舟は号、名は安芳（やすよし）。蘭学、砲術、航海術などを学び、一八六〇年（万延一）には幕府の遣米使節について咸臨丸艦長として太平洋を横断した。戊辰戦争の際幕府代表として西郷隆盛と会見し、江戸城を無血で明け渡した。新政府では、参議、海軍卿を経て枢密顧問官となり活躍した。

神君家康公
功績のあった君主に対する尊称を「神君」という。この場合は江戸幕府を開いた徳川家康に対する死後の敬称。東照神君とも呼ばれた。

東京汐留鉄道蒸気車通行図

GAS MUSEUM がす資料館蔵

こうした和宮の努力がついに実った。

四月一一日。

江戸城は無事官軍に明け渡され、江戸の町は戦火から救われた。大政奉還の日から一八〇日あまり。

この年、元号は明治と改められ、江戸は東京と名を変えた。

日本は深刻な内乱を経ることもなく、明治維新を成し遂げたのである。

――和宮の立場というのは微妙というか、危ういと言いますかね。幕府側にとっては……。

杉本　仇《かたき》の片われ。

――朝廷側にとってはスパイにと思っていたかもしれないし。

杉本　スパイであり、人質でもあります。

――両軍にとっては全権大使だとか、いろんな立場があって。

杉本　そういう危機一髪の状況の中で、若いお姫《ひい》さま育ちの人にしては、ほんとうに「ここぞ！」といった良き判断を下されたと思いますよ。

島津家
鎌倉時代以来の南九州の武家。薩摩藩を形成し江戸時代は七七万石の外様大名として鹿児島に居城した。後期に重豪（しげひで）、幕末に斉彬（なりあきら）らが出て、長州藩とともに明治期の指導勢力となった。

もちろん、勝海舟や西郷隆盛ら男たちが、首脳同士で隠密に話し合ってはいましたし、天璋院も実家が島津であることをフルに生かして、「徳川家をなんとか助けてくれるように」と働きました。みんながそれぞれの立場で総智を結集したのですね。

なかでも和宮が幕臣の動揺を抑えるのに、神君家康公の名を出したのは、じつにタイムリーな目のつけどころです。

――そのことが『その時』だと。

杉本　ええ、まさに『その時、その瞬間』をつかみましたね。

――和宮がいろいろ手紙を書きますね。それぞれの果たした役割、これはどういうふうに。

杉本　つまり時間稼ぎというのでしょうか。時間を稼いでおいて、状況を見る。

幕臣たちも黙ってはいません。武士というものは武器を取って相対すと、否《いや》でも応でも激突するもの。こちらも武士団、向こうも武士団。一触即発の危機が迫っているときに、幕府側を抑えて鎮静させた。神君家康という将軍家の家臣にとっては「神」にひとしい切り札を、パッと出したのですからね。

「よくぞあの少女が、わずかな時間でここまで成長したな」という思いです。一瞬の機微を逃がさずに、最良の方策を講じた。

やはり本質的にはなかなか優《すぐ》れた頭脳の持ち主であり、わずかな江戸暮らしの間に胆力《たんりょく》も備わり、判断力も飛躍的に伸びたケースではないかと思いますね。

――和宮の手紙は一通を除いて、みんな嘆願でした。だが、『その時』とおっしゃるのは、幕臣に対して「軽挙妄動するな」というふうに言った、『その時』ですね。

杉本　説得というか、命令ですね。これが、歴史的に大きな意味を持ちました。

――その後の日本にどういう影響を与えたのでしょう。

杉本　あのまま激突が起こっていたら、日本はどのような形で近代を迎えることになったか。それはもう、ほんとうに危ない瀬戸ぎわでした。

植民地政策
一五世紀末のバスコ・ダ・ガマのインド航路発見、コロンブスの新大陸発見、マゼランの世界一周などによって、ヨーロッパ諸国は争って海外進出を始めた（大航海時代）。ポルトガルとスペインに始まり、イギリス・オランダ・フランスがこれに続いた。アジア・アメリカ・アフリカ・インドなどが次々に植民地化された。この頃からヨーロッパによる世界の一体化が始まった。

香港にしてもマカオにしても、その他東南アジアの国々にしても、ヨーロッパ諸国の大航海時代からの植民地政策の犠牲となったのに、唯一、日本だけがその野望からまぬがれ、さらに明治維新までを切り抜けた。

それには殿上の諸卿、幕府の要人など、さまざまな人の叡智《えいち》の結集がありましたが、朝廷と幕府の橋渡しとして輿入れした自身の役割りを、「ここぞ!」というときに活かした和宮の働きも、そこに加わったわけです。

――江戸城の無血開城は、勝海舟と西郷隆盛の話し合いによって決まったんだと思っていましたけれど。

杉本　みんなそう思っていますね。

――江戸城総攻撃の予定は三月一五日で、西郷・勝会談はその前日の一四日。だがその四日後の三月一八日に、和宮が幕臣に対して指示をして、不穏な動きを抑えたことが、無血革命の成就に繋がった。

それ以後、彰義隊《しょうぎたい》とか榎本武揚《えのもとたけあき》とか。

杉本　小競り合いはありました。

無血開城
一八六八年(慶応四)の戊辰戦争で江戸城が新政府軍に接収されたこと。西郷隆盛率いる東征軍に対し、勝海舟は旧幕府側の態度を和らげ江戸城を戦場とせずに血を見ずに明け渡した。

彰義隊
戊辰戦争で新政府軍と戦った旧幕臣の一隊。徳川慶喜の護衛・江戸警備の名目で上野寛永寺を拠点に戦ったが、一八六八年(慶応四)大村益次郎指揮の官軍によって壊滅した。

榎本武揚(一八三六―一九〇八)
旧幕臣、明治期の政治家。一八五五年(安政二)長崎海軍伝習所に入り、七年後にはオランダ留学し、帰国後に海軍奉行となった。戊辰戦争時には幕府の軍艦を率いて江戸から逃れて北海道五稜郭で最後まで反抗したが降伏した。七二年(明治五)北海道開拓使として新政府に登用され、三年後には全権公使として千島・樺太(カラフト)交換条約を結ぶ。のちに外務卿、逓信大臣。

——幕軍と朝廷軍とですね。

杉本　小競り合いです。天下分け目といった国を二分するような大戦争にはならなかったが、事実上の首都である江戸を、戦火から守れたことで、近代国家への第一歩を日本は踏み出すことができたのだし、その重大な転換期に、和宮は女ながら一役買った。私たちはこのことによって、女の力、女の叡智を認識しなおしてよいのではないでしょうか。

——司馬遼太郎さんもおっしゃっているけれど、無血で革命をしたこと、これは世界にないことだと。

杉本　ちょっとつまづいていたら、どうなっていたか。ゾッとしますね。

——徳川の三〇〇年をそっくり委譲《いじょう》したというか、基礎ができていたということも強い。

杉本　そうなんです。徳川三〇〇年の政治が社会基盤の基礎づくりをきちっとなしとげていた。このため諸外国にうかがう隙《すき》を与えなかったことも、大きく評価してよいと思うのですよ。

南蛮宣教師の渡来のさいも、思いきってキリスト教の禁令に踏み切り、植民地化をまぬがれたし、維新のさいは賢く外来文化を取り入れて消化し、日本の血肉としていった。これはやはり、日本人の聡明さ、そして国力の現れですね。

徳川時代の識字率は、世界一だったとか……。熊さん八ッあん、その女房でも、道中記《どうちゅうき》や草双紙《くさぞうし》ぐらいは、みな読めた。仕事に必要な書き留めぐらいはできたのです。

こういう徳川三〇〇年につちかわれた底力によって、諸外国につけ入れられずに危機を乗り切れ、日本の近代化はスムーズにいった。和宮や天璋院も女ながら、激動期を力いっぱい、燃えて生きた——そう言えるでしょうね。

道中記
旅行案内書。早期のものには一六五五年（明暦一）の『道中記』や浅井了意の『東海道名所記』がある。携帯に便利な大きさの図入りものが多く刊行された。

草双紙
江戸中・後期の小冊の絵本。主に女性・子ども向けの通俗読み物で、絵を主体に構成され余白に平仮名の文が配してあった。絵草紙ともいう。テーマや体裁などによって赤本・黒本・青本・黄表紙・合巻の五種類に分けられる。

その後の和宮

徳川家を見届けて

無血開城の二か月後、徳川家は領地を大幅に減らされ、静岡に移されることになった。最後の将軍、徳川慶喜もいっさいの公務を拒否して謹慎、隠居生活に入った。

和宮の身の振り方はどうであったか。

徳川家の菩提《ぼだい》寺である増上寺には、このころ和宮が実家に宛てて書いた手紙が残っている。

今度こそ京に帰るように勧める朝廷に対して、答えたものである。

「上京をお勧めくださるのはまことにありがたいことです。しかし、徳川家が駿府《すんぷ》に無事移るのを見届けるまでは、私は帰るわけには参りませ

増上寺
東京都港区芝公園にある浄土宗大本山寺院で徳川家の菩薩所。徳川家康が自家の菩提寺として一五九八年（慶長三）に現在地に移転した。江戸期に関東の浄土宗を総括する寺院となり上野寛永寺と権勢を競った。重要文化財や絵画、古文書を多数所蔵している。

駿府
現在の静岡市とその周辺地域で東海道の主要宿駅であった。大御所となった家康がこの地に駿府城を築き居所とした。家康死後、徳川頼宣、徳川忠長の支配するところであったが、忠長が改易されて以後は幕府直轄地となっていた。

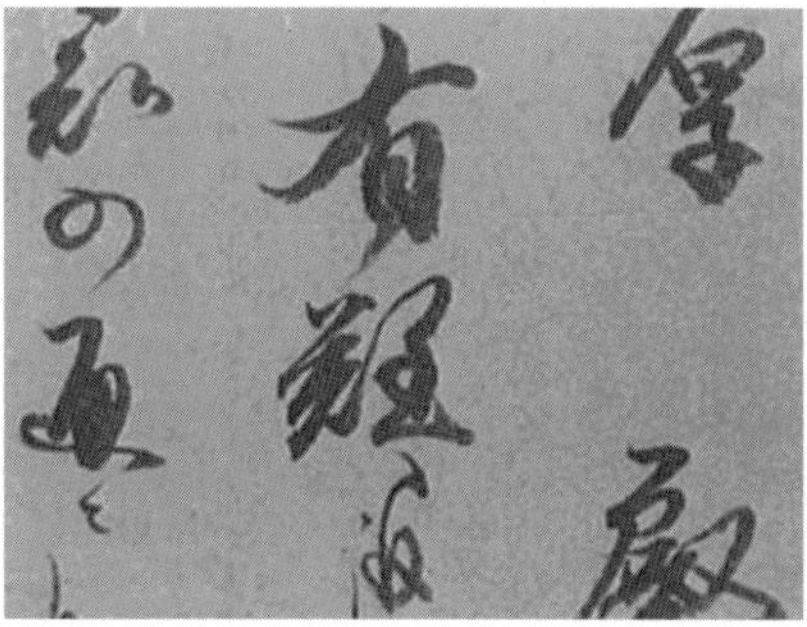
和宮手紙
増上寺蔵

ん」

翌年、すべてを見届けたあと、和宮はようやく京都に帰った。

この時の行列は数十名の供を従えただけの、きわめて質素なものだったと言われている。

あの大行列から、わずか八年後のことだった。

和宮の死

明治一〇年（一八七七）、世が文明開化にわくころ、和宮はひっそりとこの世を去る。三二歳の時だった。

亡骸は増上寺の徳川家霊廟の墓、夫の家茂の隣に葬られた。

和宮の遺体は、家茂の写真を抱いていると言われている。

動乱の時代、朝廷と幕府を結ぶ使命に生きた和宮。

その一生での最良の思い出は、優しい夫、家茂のそばにいて、一緒に暮らしたわずか二年あまりの日々だったのかもしれない。

担当ディレクターの取材ノート

心の奥の共感

NHK大阪放送局文化部
原　敏記

とあるリサーチによると、皇女和宮は日本史上最も人気のある女性である。いや、性別を超えて最も人気のある人物の一人であるとも言える。

「カズノミヤ」という名前には理屈を超えて多くの日本人の心に響く何かがあるらしい。なぜか。それは何か。

先に結論を言うと、取材を終えた今もそのはっきりした答えは出ていない。今回の取材を通じて出会ったそのヒントのいくつかを断片的に記そうと思う。

京都から江戸へ向かった和宮の婚礼行列は、中山道各地に「御所人形」というおみやげ（一種の引き出物）を残している。和宮と同年齢の少女たちに当時高級な京都みやげとして知られていた陶製の人形が配られたのである。岐阜県大垣市赤坂宿の矢橋家にもその人形が伝わっている。

郷土史家の清水春一氏（八五歳）は、幼い時、近所の矢橋家の御隠居（幕末、人形を和宮の母から直接手渡された少女で、昭和まで生きていた）が、その時の嬉しかった思い出を語っているのを何度も聞いたという。

「和宮降嫁行列はこの町にとって史上最大の出来事でした。矢橋さんのおばあさんはその出来事に立ち会えた事を誇りに思うといった様子でした。」

和宮降嫁は、政府の権威の誇示というはっきりした政治的狙いがあったため、街道筋のインフラ整備や警備のため幕府から不必要と思われる程の出費や労役が諸藩や街道沿いの村々に言いつけられた。しかしそれに対しての迷惑や不服の意を陰ながらでも唱えた例はほんの数件しか見あたらない。

むしろ、巨大な御神輿《おみこし》か何かが通行するので皆でお祭りに参加したとでもいった、うきうきした雰囲気がこの出来事にはつきまとっている。皇室の慶事が国家的な祝祭となるのは現代も同事情とはいえ、行列の通行が地域史上最大の出来事と考えられているのは驚くべきことではないか。

ある世代以上の日本人にとって、和宮と言うと今回番組で紹介した慶応四年四月の「江戸城無血開城」の際の活躍が即座に思い出されるらしい。戦前の女子教育の場で和宮は貞女の鑑《かがみ》として教科書や読本に繰り返し登場してきた。そしてそれが戦前の女子教育というイデオロギーをかいくぐった出会いであったが故に年輩の方の中には和宮に対しある複雑な感慨を覚える方もあるらしい。しかしそもそも和宮について知らない世代にとって和宮の行動が新鮮で爽やかに見えるのも事実だ。幕末史の権威S先生は取材の際こんな意見を聞かせて下さった。

「和宮に人気があるのは政略結婚の犠牲者であるからではなく徳川家茂の死後も江戸城に残ったからではないか」

少し穿《うが》った見方をする専門家の意見を総合すると、こんな見方もできるらしい。

私たちが知っている幕末維新の歴史は、すべての歴史がそうであるかのように勝者による歴史である。明治新政府の実権を握った西南雄藩がいわば事実を都合の良いように編んだのが我々の近代史である。例えば、新政府に旧江戸幕府の家臣たちの多くがそのまま移行し、その連続性が他の市民革命と異なる我が国の明治維新固有の大きな本質であったにも拘わらず、その事は長らく意識無意識の裡に隠蔽《いんぺい》されて来た。それは「新」政府を強調しないと支配の正当性を保てない薩摩長州の人々にとっても、無節操に征服者の懐に飛び込んだ幕臣たちにとっても非常に都合の悪い、できれば無かった事にしたい事実であったからだ。左様に幕末維新の混乱の中で演じられた様々な事件は勝者によって操作されたり隠蔽された。「江戸無血開城」などを例にとると、勝海舟と西郷隆盛の英雄的活躍が有名であるにも拘わらず、慶応四年の一月から四月にかけて膨大な幕臣や親幕派の武士たちが一体何を議論しどのように振る舞ったのか、城内がどのような雰囲気だったのかはほとんど明らかでない。

そして明治になって動乱期を勝者として生きた人々の中でとりわけ後ろめたかったのが和宮に対しての振る舞いであった。公武合体という一時しのぎの弥彌策《びぼうさく》に利用した後、すぐに「倒幕」に変節し板挟みにした事、いざ幕府対倒幕軍の決戦となれば事態収拾に力を借りた事。「尊皇《そんのう》」を掲げながら実は良いように皇室の権威を利用しただけと言える一連の仕打ちは、新政府にとって大変都合の悪い「事実」であったに違いない。

だから、和宮についての記録は、ほんの百数十年前に生きた公人であるにもかかわらず絶対的に少ない。故意に隠蔽または破棄された可能性を指摘する研究者もいる。

日本人は大きな変革の時に支配なり革命の正当性を証するため必ずといって良いほど皇室の権威を利用する。そして事が成就《じょうじゅ》した後、皇室の実権を奪い、革命に利用した事を隠蔽する。和宮の悲劇の本質はここにあると考えられる。

幕末維新史の登場人物の中で、和宮は勝者（皇族）・敗者（徳川家の嫁）の両方の立場を生きた数少ない一人である。勝海舟も勝者（革命啓蒙家）、敗者（徳川家の家臣）の両方の立場を生きた人物である。そして明治になっていろんな事をしゃべりまくって明治三二年七七歳まで生きた。和宮はほとんど何の回顧もせず明治一〇年に三二歳で亡くなった。鮮やかなコントラストをなしている。

高貴な女性に対する憧れ。健気な心の持ち主に対する共感。多くを語らず歴史の舞台を去った人への追慕。簡単に言えば和宮の人気を支えるのはこうした心性であろう。

それは同時に、明治維新が何を犠牲にして成立した革命なのかについて多くの日本人が現在まで関心を持ち続けている事の証左と考えられるかもしれない。

和宮関連年表

1846年（弘化3）		和宮と徳川慶福（後の家茂）生まれる
1853年（嘉永6）	6／3	ペリー、浦賀に来航
1854年（安政1）		日米和親条約・日英和親条約・日露和親条約
1856年（安政3）	7／21	アメリカ総領事・ハリス下田に到着
1857年（安政4）	5／26	下田協約締結
1858年（安政5）	4／23	井伊直弼、大老に就任
	6／19	日米修好通商条約
	10／25	徳川家茂、将軍となる
1860年（万延1）	3／3	桜田門外の変
	8／14	和宮降嫁決定
1861年（文久1）	10／20	和宮の婚礼行列出発
	11／15	和宮、江戸に到着
1862年（文久2）	2／11	和宮と家茂結婚
	4／23	寺田屋事件
1864年（元治1）	7／19	禁門の変
1866年（慶応2）	1／21	薩長同盟
	7／20	家茂、大坂城で没、享年21歳
	12／5	徳川慶喜、将軍となる
	12／9	和宮、静寛院宮を名のる
1867年（慶応3）	10／14	大政奉還
	12／9	王政復古宣言
1868年（慶応4）	1／3	鳥羽・伏見の戦い
	1／5	戊辰戦争始まる
	1／20	和宮、朝廷に宛てて手紙
	2／25	朝廷よりの返事
	2／26	和宮、東海道の金谷の官軍に手紙
	3／13	和宮、中山道の蕨の官軍に手紙
	3／14	西郷隆盛、勝海舟、和平交渉
	3／18	和宮、幕府の家臣に通達
	4／11	江戸城無血開城
	5／15	彰義隊崩壊
	8／23	白虎隊自決
	9／8	江戸を東京と改め、年号を明治とする
1877年（明治10）	9／2	和宮薨去《こうきょ》、享年32歳

【専門家・作家による参考文献案内】

木村幸比古

『静寛院宮御《せいかんいんのみやおん》日記』

宮内庁書陵部所蔵

和宮は慶応二年（一八六六）七月、将軍家茂の死去により薙髪《ちはつ》し院号を静寛院宮と称した。

静寛院宮日記は五冊からなり宮内庁書陵部に収蔵、「静寛院宮御日記一」（続日本史籍協会叢書、東京大学出版会）に所収されている。日記は明治元年正月九日より同六年一二月三一日の五か年間の政治動向、勅書や書簡の写し、天候なども書き込み綴っている。

和宮の書風は男性的で実にのびのびした筆致であり、日記の表現も簡潔明瞭、皇女としての教養の深さがうかがい知れる。公武合体のために身を投じたことにより、本人しか語ることのできないところが日記には散見できる。

『和宮』

武部敏夫／吉川弘文館人物叢書

悲劇のヒロイン和宮は小説、映画で登場するものの、正史となると良書が少ない。

なぜ皇妹和宮が将軍へ降嫁《こうか》しなければならなかったのか、政治的な背景をもとに公武合体論が唱えられ、下級公卿の岩倉具視らが朝幕間の復権を画策した様子が重厚な文章で綴られている。

本書は和宮の関係文書を屈指し、実像に迫る。ともすれば数奇な生涯ばかりがひとり歩きする評論が多い中で、史実のみで等身大の和宮を描く。

歴史書には小説のような人物の心境の描写まで求められないが、真実というものに勝るものはなく、バイブル的存在である。

『戊辰戦争』

佐々木克／中公新書

一般に歴史は勝者の歴史と言われている。

戊辰戦争は新政府樹立のいわば陣痛であった。本書は敗者の旧幕軍をリアルタイムに描写、新政府軍の天皇や錦《にしき》の御旗《みはた》に対する精神面がどう勝敗に左右したか戦略をふまえて言及している。

副題に「敗者の明治維新」とあって、とくに東北戦争における奥《おう》羽《う》越《えつ》列《れっ》藩《ぱん》同盟《どうめい》の項は、読みごたえがあり、苦悩する諸藩の現状を分析、会津藩が孤立するなかでも善戦する模様がくみとれる。

著者は永年、戊辰戦争の研究に取り組んだだけあって、裏打された歴史観で綴られている。

（きむら　さちひこ／維新史研究家／著書『龍馬暗殺の真犯人は誰か』、『新選組戦場日記』、『幕末競艶録』、『京都幕末維新をゆく』ほか）

その他関連参考文献

『岩倉公実記（上巻）』（原書房）、『戊辰役戦史（上・下）』（大山柏／時事通信社）、『和宮』（遠藤幸威／成美文庫）、『天璋院篤姫（上・下）』（宮尾登美子／講談社文庫）ほか。

新選組参上！

池田屋事件に賭けた若者たち

［その時、一八六四年（元治一）六月五日午後一〇時］

幕末動乱の発端となった新選組の池田屋襲撃事件。
テロ集団と化した長州藩士を中心とする過激藩士たちを
新選組が急襲した史上有名な事件だが、
その実は池田屋にいた勤王の志士たち二〇数人に対して
邸内に突入した新選組はわずか四人であった。
五分の一にも満たない襲撃グループでありながら、
圧倒的な勝利を得た背景には、
武士身分でないがゆえに、手柄を立てて武士になりたい
という隊士たちの悲壮な覚悟の思いがあった。
近年、発見された新選組隊士の手記『浪《ろう》士《し》文久《ぶんきゅう》報国《ほうこく》記《き》事《じ》』
をもとに、新選組の結成に至る経緯から、
池田屋の突入に至るまでを追い、死を覚悟した若者たちの
情熱が歴史を動かした瞬間に迫る。

〈ゲスト〉

浅田次郎（あさだ　じろう）

1951年東京都に生まれ、中央大学杉並高校卒業後、自衛隊に入隊。除隊後、さまざまな職業を経て1995年『地下鉄に乗って』で吉川英治新人賞を、2年後に『鉄道員《ぽっぽや》』で直木賞を受賞。文豪の文章を筆記するという文学修業から自在の文体を生み出し、小説はもとより思わず読者を泣かせてしまう情溢れるエッセイをものにする。著書に『プリズンホテル』『きんぴか』『蒼穹《そうきゅう》の昴《すばる》』『壬生義士伝』など多数。

新選組を旗揚げした若者たち

混乱の幕末

京洛《きょうらく》を震撼《しんかん》させた池田屋襲撃事件は、元治元年（一八六四）六月五日午後一〇時に起こった。時代は幕末、ペリー率いる黒船の来航によって徳川幕府体制に歪《ゆが》みが生じてきた頃である。国運を決する重要案件が朝廷に委《ゆだ》ねられたことにより、京都は幕府と外様大名の激しい駆け引きの場となった。いきおい市中には過激派分子が横行し、血で血を洗う無政府状態の様相をみせた。その治安維持に機動隊として組織されたのが近藤勇《いさみ》を局長とする新選組であった。

新選組の実際の活動は約七年ほどと短期間であるが、その活動のなかで最初に出会った大事件が池田屋事件である。作家司馬遼太郎は「この

近藤勇（一八三四—六八）
幕末期の幕臣、新選組局長。武蔵国多摩の農家に生まれたが、江戸の天然理心流近藤周助の養子となり道場を継いだ。第一四代将軍徳川家茂が上洛の際に浪士隊に参加するため上洛しそのまま京都に残留する。京都守護職の配下で新選組を組織し、のち局長となった。池田屋事件後幕臣に採用された。「鳥羽・伏見の戦い」で敗れて江戸に戻り、甲陽鎮撫隊長となるが官軍に敗れた。江戸で斬首された。

新選組
幕末期に江戸幕府が浪人を集めてつくった集団。一八六三年（文久三）幕府は清川八郎との協議で浪士隊をつくり二四八人余を集め上洛させた。京都の壬生村屯所に分宿させたが尊攘の大義をめぐり分裂。清川派は江戸に引き揚げ、京都派は京都守護職松平容保の配下となり「誠忠」の旗印のもとに新選組を結成。翌年近藤勇、土方歳三らが実権を握った。池田屋事件で尊王攘夷派を弾圧したが、六八年（慶応四）「鳥羽・伏見の戦い」で敗れ江戸に脱出し、壊滅した。

永倉新八（一八四〇—一九一五）
新選組二番隊長。武蔵国江戸に生まれる。神道無念流を岡田十松に学び一八歳で免許皆伝を受けたという。江戸府内の各道場で腕を磨くうち近藤勇と出会う。新選組在籍中に近藤と衝突がしばしばあり、のちに新選組と分かれて戦い、大正の世まで生き残る。「浪士文久報国記事」を残した。

「浪士文久報国記事」
浪士隊の成立から「鳥羽・伏見の戦い」に敗れて逃げるまでの五年余りを新選組二番隊長であった永倉新八が記録した冊子。和紙に毛筆で書かれ、三分冊計一七〇頁。

多摩
武蔵国多摩郡で現在の東京都南西部地域にあたる。当時の多摩には戦国時代に活躍した武田軍団の末裔である八王子同心と呼ばれる人々が住んでいた。彼らは江戸防衛の任務を与えられた郷士であったため、多摩は剣術の盛んな地域であった。

事件が無かったら、薩摩《さつま》藩長州藩による明治維新は永遠に来なかったかもしれない」と作品のなかで述べているほどに、新選組の起こした池田屋事件は日本の歴史のターニングポイントとなるできごとであった。

ではこの池田屋事件とは、どのような事件なのであろうか。これまで池田屋へ斬《き》り込んだ経緯や人数など不明な点が多く残されていたが、平成一〇年一月、隊士の一人永倉新八《ながくらしんぱち》の記した『浪士文久報国記事《ろうしぶんきゅうほうこくきじ》』が発見され、池田屋事件の詳細な全容が明らかにされた。その新発見の手記を手掛かりに、池田屋事件を追ってみよう。

剣術道場へ集まる若者たち

新選組の主だった隊士たちは、江戸郊外の多摩地区出身者である。局長の近藤勇は多摩川畔にある調布在石原村の農民、宮川久次郎の三男坊として天保《てんぽう》五年（一八三四）に生まれている。

父久次郎は武張《ぶば》った人物だったようで、自宅に道場を建て月三回、江戸牛込柳町の試衛館《しえいかん》（天然《てんねん》理心《りしん》流）より近藤周助《しゅうすけ》を招き、出張稽古を受けるほどであったという。嘉永《かえい》二年（一八四九）一〇月、周助は三男宮川勝太の腕前を見込むと、近藤家へ養子として引き取り、名も近藤昌宣《まさのぶ》と改めさせた。

また、周助は近在の日野宿の道場へも出張稽古しており、ここに寄宿する土方歳三《ひじかたとしぞう》を見いだしている。土方もまた農家の四男坊で、転々と職を変えながら剣の腕を磨いていた。赤い紐《ひも》を面に巻くしゃれ者だったと伝えられる。

近藤が道場を任されるようになってからは、武士に憧れる若者たちが集まるようになった。試衛館の塾頭に抜擢《ばってき》された沖田総司《おきたそうじ》や名門千葉道場から移った藤堂平助《とうどうへいすけ》などは、ともに身寄りのない天涯孤独の浪人生活を送っていた。手記を残した永倉新八も浪人の身であった。その手記に当時の道場の様子が描かれている。

「近藤たちは、稽古が終わるといつも国の行く末を憂い、議論を交わし

●近藤勇の生家跡 資料探索

新選組局長近藤勇の生家が史跡として残されている。ＪＲ三鷹駅から多摩墓地行きバスに乗り龍源寺下車、西へ１００メートル。
東京都調布市野水一の六

試衛館
天然理心流の道場名。江戸の牛込柳町にあって、当時のジャーナリスト福地楼痴（おうち）は試衛館の間取りを「前・中・後と小さな庭のある平屋建て。敷地は一〇〇坪で道場は三〇畳ばかりであった」と記している。

天然理心流
剣術の流派の一つ。流祖は近藤内蔵之助。武蔵国（東京都）・相模国（神奈川県）を中心に普及した。四代目が近藤勇である。

近藤周助
天然理心流の三代目師匠。近藤勇を養子に迎え、四代目を継がせている。

ていた」
と永倉は記す。この頃の日本は黒船の来航など、外国の圧力によって屈辱的な開国をしたばかりであった。

国内には、アメリカ、イギリスなど西洋諸国に侵略されるのではないかという不安が広がっていた。

土方歳三（一八三五—六九）幕末期の幕臣、新選組副長。武蔵国多摩に生まれ、行商の傍ら天然理心流の剣術を学んだ。幕末浪士隊に参加し、京都に残留して近藤勇とともに新選組の結成に加わった。池田屋事件の際はあとから駆けつけて近藤を助けた。戊辰戦争末期、榎本武揚とともに箱館の五稜郭で官軍と戦うが銃弾に倒れた。

沖田総司（一八四四—六八）新選組隊士。陸奥白河藩（福島県）の脱藩者と言われ、天然理心流の道場で師範代を務めた。新選組結成に参加し、有力な隊士として活躍した。戊辰戦争で各地を転戦後、江戸にて病死した。

藤堂平助（一八四四—六七）新選組八番隊長。武蔵国江戸に生まれ、北辰一刀流を学び、新選組創設に参加した。血気盛んな若者で、池田屋事件の時は額を割る大怪我をしたが命は取り留めた。その後近藤勇との意見の違いから伊東派に入る。志半ばにして、二四歳で死んだ。

多田敏捷氏蔵

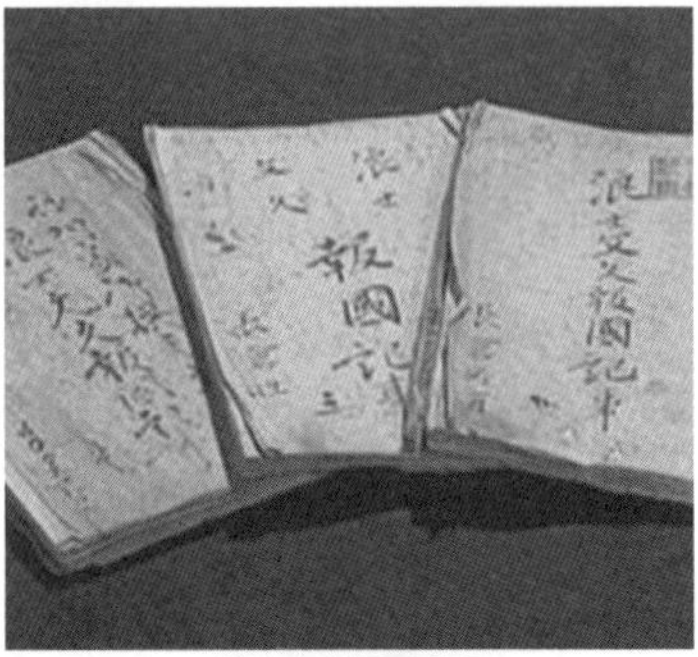

浪士文久報国記事

夢は京都にあり

幕府の一方的な開国政策は、諸藩の反発を買った。京都には朝廷を担いで幕府の開国政策に反対しようとする各藩の若手藩士たちが集まり、幕府に味方する公家たちの暗殺事件を次々と起こし、市中の治安は一気に乱れた。

この事態に憂慮した幕府は京都の治安維持のために、剣術に秀でた者を選んで浪士隊《ろうしたい》を組織させ、その警備に当たらせることをもくろんだ。

文久三年（一八六三）、京都警護のために剣客を募集するという幕府の知らせが近藤らの耳に飛び込んできた。これは当時、大老職にあった松平春嶽《しゅんがく》の「尽忠報国《じんちゅうほうこく》」の大儀を受けて、清川《きよかわ》八郎が浪士を募集したものので、その応募条件は、剣が立つものであれば身分、年齢は問わないというものであった。いずれ手柄を立てて武士に取り立てられたいと願っていた近藤たちにとっては渡りに舟の話である。

開国政策
鎖国を守り続ける幕府に対し、一九世紀中頃からアメリカから開国要求が出てきた。一八五三年（嘉永六）ペリーが来航し国書が提出された。翌年、再来航したペリーとの間で日米和親条約が結ばれ、四年後には日米修好通商条約が締結。オランダ・ロシア・イギリス・フランスとも同様の条約を結んだ。関税自主権がなく治外法権を認めるという日本にとって不平等条約であり、後の明治政府の大きな課題となった。

松平春嶽（一八二八～一八九〇）
第一六代越前福井藩主。薩摩・土佐藩らとともに幕末の改革を主張。将軍後継問題では、一橋慶喜を推す一橋派の中核となり、紀州派と対立。井伊直弼の大老就任期間中は、謹慎の身となっていたが、井伊大老の死後、要職に復帰。

尽忠報国
君主にたいし忠義をつくして、国に報いること。

この日のことを永倉は、

「一同大いに喜び、ただちに同士となることを申し込んだ」

と記している。

浪士隊に応募した近藤は、沖田や土方、藤堂や永倉はじめ、井上源三《げんざぶ》郎《ろう》、山南敬助《やまなみけいすけ》、原田左之助《さのすけ》などを引き連れて京都へ上った。

ところが浪士隊を組織した清川が尊攘《そんじょう》派に加担したため、幕府は浪士隊を江戸へ戻させたが、近藤らは脱退して京都（壬生《みぶ》）に残り、幕府の出先機関である京都守護《しゅご》職の麾下《きか》に属した。身分は浪人であったが京都市中の警備の任務を与えられ、ここに新選組が誕生することになる。

京都に到着してすぐ、近藤は故郷の友人に向けて、

「京都の地は、危険であるが、命を捨てる覚悟である」

と書状を書き送っている。

清川八郎（一八三〇―一八六三）
清河とも書く。庄内藩郷士。出羽国（山形県）に生まれる。一八四七年（弘化四）江戸に上って東条一堂に入門。千葉周作に剣を習う。各地を放浪して熱烈な攘夷論者となる。一八六一年（文久一）米国公使館通訳ヒュースケンを暗殺。同年市井人を無礼討ちし指名手配。幕府見廻組に暗殺される。

井上源三郎（一八二九～一八六八）
新選組副長助勤・六番隊長。日野（東京都）にある道場で修業しており、清川八郎の浪士募集に応じて、上京した。鳥羽・伏見の戦いで討死。

山南敬助（一八三三～一八六五）
新選組副長。伊達（仙台）藩の剣術師範の次男。千葉道場で北辰一刀流を学び、近藤らと浪士組に参加。一八六五年（元治二）、脱走、隊規違反で切腹している。

原田左之助（一八四〇―六八）
新選組一〇番隊長。伊予国松山（愛媛県）の足軽の子として生まれ、新選組に入った。江戸帰還後は近藤と決別し、彰義隊に参加。

京都守護職
幕末期の江戸幕府の職名。京都・近畿における反幕勢力の抑圧、治安維持、禁廷護衛を目的として京都所司代の上位で役料五万石として、一八六二年（文久二）に設置された。会津藩主松平容保が任命された。六七年（慶応三）王政復古により廃止された。

忠臣蔵の衣装
新選組の隊服として知られているものは、あさぎ色で袖と裾に山型の模様がある、いわゆる「だんだらもの」である。赤穂浪士の仇討ちを題材にした忠臣蔵を取り上げた江戸後期の芝居で使われた衣装が参考にされたといわれる。しかし隊士たちはほとんど着用していなかったらしい。

活躍の場を求めて突っ走る若者たち

幕府への忠誠

京都の市中警備を開始するにあたって近藤らは、だんだら模様の入った制服をつくった。これは歌舞伎の衣装を真似たものという。主君への忠義を貫いた忠臣蔵の義士は、近藤らがめざす理想の武士の姿だったのである。隊旗は、幕府に忠誠を示すために、「誠」の文字があしらわれた。近藤らはどこまでも純粋であり、本気であった。

新選組の誕生は、文久三年八月一八日、池田屋事件の一年ほど前のことである。結成当時の新選組の主要メンバーは、ほとんどが二〇代、藤堂はまだ一〇代の若さである。出身は局長の近藤、副長の土方ともに農民であり、沖田、永倉、藤堂らは浪人の身分だった。いずれも始めから

武士ではなく身分の低い出であった。その彼らがどのような思いで新選組の結成にまで至ったのか、つい最近、新選組をテーマにした『壬生義士伝』を執筆した作家の浅田次郎さんにお話をうかがった。

浅田　彼らの魅力はなんといっても、私たちと同じ視線の高さにある庶民であるということです。普通、歴史というのは、偉い人が動かしていくものですけれど、ことこの新選組に限っていえば、農民出身の人たちとそれからドロップアウトした浪人たちです。コンプレックスを抱えていたりドロップアウトした人たちというのは、それぞれ苦労を背負った分だけの個性というものがありますから、そういう人たちの集団であったということがとっても魅力的ですね。

――彼らはコンプレックスはあったけれども、その剣術の腕だけは秀でていましたね。

浅田　近藤勇は、多摩を中心に出稽古の道場をもっていました。天然理心流の道場主で四代目です。

北辰一刀流
剣術の流派の一つ。流祖は千葉周作。千葉家の流儀北辰夢想流に小野派一刀流・中西派一刀流の剣法を加え流派を成した。

神道無念流
江戸中期にできた剣・居合術の流派の一つ。流祖は福井兵右衛門嘉平。竹刀打ち込み稽古で町道場を発展させた。門人に戸賀崎熊太郎が出現して名声が高まり、全国に門人を広めた。江戸三大道場の一つでもあった。

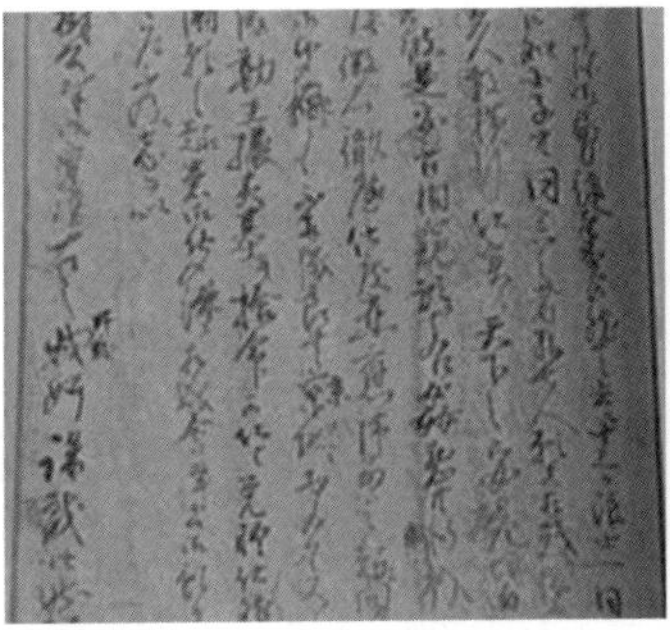
故郷の友人に宛てた近藤勇の書簡
小島資料館蔵

――その天然理心流は、いわゆるメジャーじゃないのですよね。

浅田　そうです。江戸には北辰一刀《ほくしんいっとう》流、神道《しんとう》無念《むねん》流といったブランド道場がたくさんあったのですけれど、そういう点では、近藤勇の天然理心流は田舎剣法というふうに馬鹿にされていたようですね。当時は、農民が剣術をやるなどご法度《はっと》だったわけなのですけれども、幕末のころになりますとずいぶん曖昧《あいまい》になって、農民でも町人でもやりたい人はみんな道場に通って剣術をやっておりました。

――そんな彼らに天皇のいる京都の守護を任せるというのは、これは珍しいことではないのですか。

浅田　当時、徳川幕府の力がとても弱まっており、財政的にも逼迫《ひっぱく》しておりましたから、幕府だけでは京都の治安維持は無理ということで、浪士隊という傭兵《ようへい》をアルバイト的に雇って、京都の治安維持をしようということだったのだと思いますよ。

白虎隊記念館蔵

近藤勇

近藤勇生家跡

〈新選組の顔ぶれ結成まで〉

memorandum

江戸で幕府浪士組募集（一八六三年二月四日集結）

京都警備のための浪士組織募集に、近藤勇の天然理心流一門、水戸浪士芹沢鴨《せりざわかも》、新見《にいみ》錦《にしき》ほか二〇〇人を超える浪士が参加。

壬生浪士組結成

三月三日、朝廷から浪士組に江戸帰還の命が出されたのち、帰還せず京都に残ったメンバーで結成。京都守護職に就いていた会津藩主に、都の治安維持の仕事を与えてもらえるよう嘆願書（一七人）を提出、芹沢鴨と近藤勇が局長に就任。

新選組の命名

八月一八日の禁門の変の働きで新選組の隊名を授かる。芹沢鴨一派は抹殺され、近藤勇が土方歳三らと隊を編成していく。

壬生の屯所
壬生は京都市中京区西部地域。壬生狂言で著名な律宗の別格本山である壬生寺がある。この寺の近くに新選組の屯所いわゆる詰め所が置かれた。壬生寺には隊士の墓が残っている。

西本願寺
京都市下京区にある浄土真宗本願寺派の本山で、竜谷山と号する。一五九一年（天正一九）豊臣秀吉から土地寄進を受けた本願寺一一世顕如が現在地に移転。一六〇二年（慶長七）徳川家康から土地寄進された教如が東本願寺を起こし、東西に分裂した。

祇園
京都市東山区の八坂神社（かつては祇園社と称した）西門前で、鴨川以東の四条通の南北一帯をいう。八坂神社や清水寺への参詣で賑わい、一七九〇年（寛政二）遊女屋営業が許され、島原をしのぐ遊興地として繁栄の道を歩んだ。

死地に臨むルール

新選組の所在地は、浪士隊が寄宿したときの「壬生の屯所《とんしょ》」をそのまま利用した。彼らの任務は京都の市中警備であるが、その担当地域は西本願寺と祇園《ぎおん》の周辺が主であった。彼らは毎日手分けして過激派の藩士たちの取り締まりを注意深く執拗《しつよう》に行った。とくに祇園は家屋が密集する繁華街であり、細く見通しの悪い路地が縦横に走っていたことから、ふいを襲われることもあって探索は危険な仕事といえた。また家の中へ踏み込むにも、どこに敵が潜んでいるかもわからず、人一倍勇気を必要とされた。

そこで新選組では、ここで躊躇《ちゅうちょ》しないようにと、死番《しばん》というルールをつくった。これは捜査のときに最初に突入する役割のことで、毎日、その担当をローテーションで組んだ。その日に死番になった者は、朝から覚悟を決めていたので、敵が潜《ひそ》んでいそうな場所でも臆《おく》することなく突

八木邸

入できたという。

武士らしい武士をめざして

新選組の命がけの捜査は厳しいものであった。不審《ふしん》人物を見つけるとどこまでも追いかけ、手段を選ばず取り締まった。このように近藤たちが厳しい態度で捜査に臨んだのは、武士の身分でないがゆえに、より武士らしく振る舞おうとしたからである。

その新選組の掟《おきて》には、こう記してある。

一、士道に背きまじきこと。
一、局を脱するをゆるさず。
一、勝手に金策いたすべからず。
一、勝手に訴訟取り扱うべからず。
一、私の闘争をゆるさず。

資料探索

●八木邸

新選組が寝泊りしていたのが壬生村郷士の八木源之丞の屋敷。新選組の門札が掲げられたことから、新選組発祥の家となった。一般公開中。午前9時〜午後5時／不定休

TEL075―841―0751

京都市中京区坊城通り綾小路下ル

市バス「壬生寺道」下車、徒歩3分

とくに第一条の武士道を守ることこそ、もっとも大切だと近藤は考えていた。たとえば敵を目の前に逃げるなどいった武士道に反する行為があれば、その隊士は切腹を命じられた。

幕末の武士に果してこれほど厳格な武士道精神を厳守した者があるだろうか。それは武士ではない近藤らの精神的な裏返しといえた。京都での活動期間中に死亡した隊士は四五人。このうち規則違反による切腹や粛清《しゅくせい》で死んだ隊士は三一人にのぼる。

新選組死亡原因表

ノンキャリアの屈辱

京都市中の治安維持に活動していた新選組であったが、人々の反応は冷やかなものであった。彼らは「みぶろ」とあだ名され蔑《さげす》まれた。これは京都郊外、壬生に住む浪人という意味で、武士の身分でないことをからかったものであった。永倉の手記には、新選組が結成まもない頃、人々から無礼や暴言を受けたと記されている。

また、警備のために京都御所《ごしょ》へ入ろうとした時、役人から「怪しき者」と疑われ、中へ入れてもらえないこともあったという。武士になる夢を求めて京都へ上った近藤たち新選組であったが、目立った手柄も立てられないまま、空しく一年が過ぎ去ろうとしていた。

浅田　局長法度といわれる新選組の掟というのは、よく読んでみると、いちいちもっともなことなんですよ。別に無理なことを言っているわけ

京都御所
京都市上京区の京都御苑内にある禁裏御所のこと。豊臣秀吉や徳川家康が内裏の造営に着手したが、度々の火災で消失していた。現在の建物は一八五四年（安政一）に再建されたもので、一八六九年（明治二）の東京遷都まで皇居となった。

ではないのです。これに背いた者は切腹、斬首《ざんしゅ》というのはやり過ぎでしょうが、組織を維持するためには至極ごもっともな内容であると私は思うのですね。

つまり、それだけ当時の武士社会というものが、そういう当然のことができなかった、そのようにきちんとやっていなかった、極めて乱れた社会だったんだなあということが言えると思いますね。

——より武士らしくということだったのでしょうか。

浅田　新選組のもう一つユニークなところは、形から入っていることです。制服をつくったり、旗を立てたりしていますが、そういうことを考えるのは、彼らの武士たらんとしたパフォーマンスなのです。そういう姿にも現れているのではないでしょうか。

——彼らは言ってみれば一時雇い。つまり正社員ではないという、このような扱いが彼らの行動にどのように影響したのでしょう。

浅田　当時、京都の市内はいくつかの所轄《しょかつ》に分かれて巡回区域が決まっておりまして、新選組のほかにも、所司代《しょしだい》の部下とか守護職だとか、あ

所司代
京都所司代のこと。江戸幕府の職名。朝廷の守護と監視を職務とし、京都の警察・司法・行政にあたった。一六〇〇年（慶長五）創設、一八六七年（慶応三）廃止。

るいは有名な京都見廻組《みまわりぐみ》といった武士団たちがそれぞれ自分たちの所轄を持っていたのです。

しかし、よく考えてみますと、今申し上げた他のグループたちは、みんなれっきとした武士なわけです。旗本の子息であったり、あるいは会津藩士たちであったり、桑名藩士たちであったりするわけですから。そうすると、そのなかで新選組たちだけが一段劣ったグループというふうにどうしても見られがちになります。

——言ってみればキャリア組とノンキャリア組というか。

浅田　そうですね。キャリアとノンキャリアの違いです。それと同時に彼らは、一応は会津藩の管理下にあるわけなのですけれども、実際は会津藩が抱えているわけではない。会津藩お抱えとなったら正社員ですけれどもそうではないのです。お預り新選組なわけですから、言ってみればこれはアルバイト集団なわけでありましてね。その辺でもずいぶんコンプレックスを感じていたんじゃないでしょうか。

——しかし、彼らが一生懸命やっているわりには町民や他の藩の人たち

京都見廻組
幕末期に京都の治安維持のために設けられた幕府の役職。一八六四年（元治一）創設され、「禁門の変」では鎮圧に活躍した。京都守護職とともに京都における幕府側の有力な軍事力であった。

会津藩
江戸時代に福島県西部二三万石を領有した親藩。本拠は鶴ヶ城。九代松平容保は、京都守護職、佐幕派の中心として活躍したが戊辰戦争で敗北し廃藩となった。

桑名藩
伊勢国桑名（三重県）を領地とする譜代中藩。一六〇一年（慶長六）本多忠勝が一〇万石で入封して立藩。一八二三年（文政六）松平定信の子定永が入封。鳥羽・伏見の戦いで敗れ、桑名城を開城した。

はわりに冷たく見ていたのですね。

浅田　彼らは粗野《そや》であったと思いますよ。新選組のメンバーを見るとわかるとおり、寄せ集めの部隊ですから。それこそいってみれば出稼ぎ浪人や食い詰めた下級武士たちの集まり、あるいは農民からなんとか武士になりたいと思った人たちの集まりですから、おっとりした京都の市民たちから見れば、ずいぶん乱暴でおっかない存在だったのではないでしょうか。

軽い扱いを受けた新選組

新選組は幕末に急設された警備隊である。その母体となった浪士隊からは、新徴組《しんちょう》という江戸市中警備の集団が誕生している。こちらは幕閣の若年寄配下にあり、隊士たちは三人扶持《ふち》二五両の役料と伊賀者次席の格式を与えられていた。

それに比べて、新選組は幕府の出先機関である京都守護職の下部組織

新徴組
一八六三年（文久三）四月一五日、京都から戻った浪士隊を新徴組と命名して江戸市中警備に当たらせた。しかし警備の質の低さや偽新徴組の横行などがあって、翌一八六四年（元治一）五月解体されたが、一五〇人ほどが江戸市中警備を担当していた庄内藩酒井家に残った。

伊賀者次席
伊賀者は、江戸城内外の警備を担当する下級武士で、主に御門の警備や奥女中のお供を任務とした。次席とは新徴組浪士に与えられた格式名である。

に組み込まれ、京都市中警備の小隊統括という扱いであった。役料も三〇両だけで身分は浪人のままである。しかし、その軽い扱いに反して、新選組の任務は過酷であった。

京都市中では、文久三年（一八六三）八月一八日の政変によって、一時行き詰まりをみせていた尊王攘夷運動が再燃し、長州藩を中核にして勢力回復の動きが盛んとなっていた。この動きは元治元年（一八六四）に入って激しさを増し、皇居に火を放って尊王攘夷に対抗する公武合体派の中心人物、中川宮朝彦親王《なかがわのみやあさひこしんのう》と京都守護職松平容保《かたもり》らを襲撃しようと企てるまでに至った。

長州藩　萩藩ともいう。周防国・長門国（山口県）萩地域を領地とする外様藩。中国地方八か国を領有していたが関ヶ原の戦い以後二国に減ぜられた。一六〇四年（慶長九）本拠地として萩に築城し、以後一四代にわたり支配する。幕末には尊王攘夷運動を主導し、薩摩藩とともに明治維新の原動力となった。

松平容保（一八三五―一八九三）会津藩主。一八六二年（文久二）閏八月、京都の治安悪化により新設された京都守護職に就任。一八六八年（慶応四）、鳥羽・伏見の戦いに敗れ、会津で奥羽越列藩同盟を結成、新政府軍に対抗した。池田屋事件では、新選組に褒賞金を与えている。

中川宮朝彦親王（一八二四―一八九〇）伏見宮邦家親王を父とする皇族。早くから志士と接して国事に活躍。一八六三年（文久三）還俗して中川宮を称し、同年八月一八日の政変には急進攘夷を迫った。その後は王政復古派に疎まれて政界から離れる。

古高俊太郎
四条小橋（四条西木屋町）の京都商人。桝屋喜右衛門とも呼ばれた。討幕のために活動し、一八六四年（元治一）新選組に捕らえられ拷問を受けた。これを機に池田屋事件が起きた。商人であり勤王の志士でもあった。

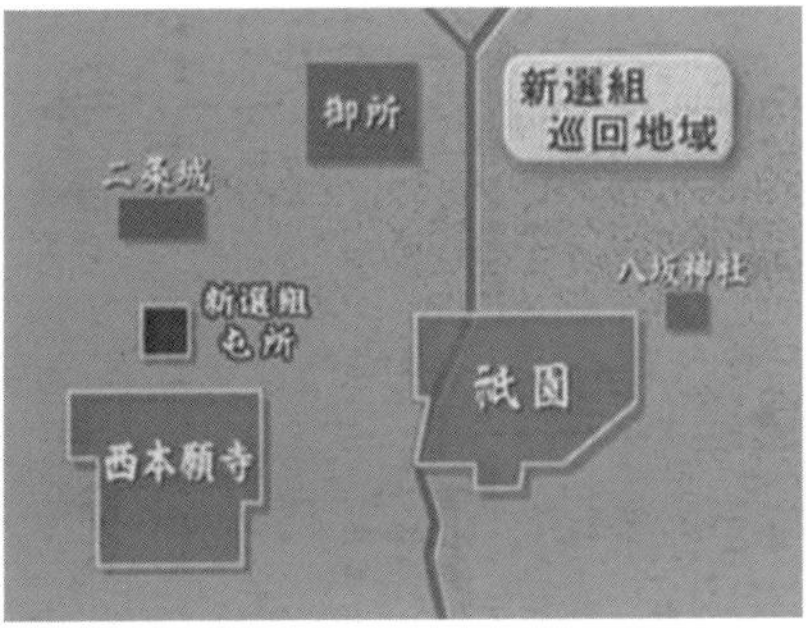

新選組巡回地域

風雲急を告げる京都

拷問で吐かせろ

新選組の結成から一年が過ぎようとするころ、近藤の元へある情報が届けられた。幕府に不満を持つ長州藩士ら過激派の藩士たちが京都へ集まってきているというのである。

この情報を聞いた近藤は、市中の警戒を厳しくし、不穏分子の捜査を徹底的に行うことを命じた。そして一か月後、新選組は歴史的な大事件に遭遇することになった。

元治元年（一八六四）六月五日、午前七時ころ、かねてより内偵《ないてい》していた西木屋《にしきや》町の枡屋《ますや》へ踏み込み、その主人・古高俊太郎《ふるたかしゅんたろう》を捕縛《ほばく》した。このとき屋敷にいたのは古高一人であったが、家中には大量の鉄砲や武具、

百匁蝋燭
百目蝋燭ともいう。明かりとり用の和蝋燭で、目方が百匁（三七五グラム）ある大きな蝋燭を指す。

火薬などが隠されていた。

隊士たちはただちに古高を屯所へ連行し、尋問《じんもん》を行った。しかし、そう簡単に口を割るわけがない。隊士らはすぐさま拷問にかけた。足の甲に五寸釘《ごすんくぎ》を打ち抜き、それでも白状しないとわかると、逆さ《さか》釣りにした上に、足の裏に突き抜けた釘に百匁蝋燭《ひゃくもんめろうそく》を立てて火責めにした。この拷問にはさすがの古高も我慢ならず、ついに過激派藩士らによる驚くべき計画を白状した。

永倉の手記によれば、その計画とは次のようなものであった。

まず京都御所に火をかけ、焼き討ちをする。
その混乱に乗じて、天皇を長州藩に奪い去る。

まさに一大事である。御所に放火することさえ重罪なのに、天皇を誘拐するなど天をも恐れぬ所業である。政治的な駆け引きはわからなくても、ことの重大性は嫌なほど理解できた。

京都守護職本陣（金戒光明寺）

動かぬ京都守護職

この計画を知った近藤ら新選組はただちに動いた。まず、近藤は御所が焼き討ちされるという情報を京都守護職に伝え、さらに捜索の応援を頼んだ。一報を受けた京都守護職は、家臣らを集めて緊急会議を開いたが、なかなか対応策を打ち出すことができない。

決断の遅い京都守護職の対応に、近藤は苛《いら》立った。彼らの小田原評定《ひょうじょう》は今に限ったことではない。近藤は日頃から幕府の腰が重いことを憂いていた。近藤はその不満を「幕臣つまり幕府の役人の中に男児なし」と手紙に書き残している。

京都守護職から応援を送るとの知らせが入ったのは、その日の昼過ぎであった。しかし、返答を聞いた近藤は大いに落胆した。なんと応援が来るのは夜の八時だというのである。

池田屋
京都三条の旅館。一八六四年（元治一）新選組による尊攘派志士襲撃事件の舞台として知られる。現在は三条通りに石碑が残っているのみである。

八坂神社
祇園さんとも呼ばれる。京都市東山区祇園にあり、全国の八坂社の本宮。祇園祭りやおけら祭りで知られる。

八坂神社

今にも御所が焼き討ちされ、天皇を奪取されるかも知れないという危機が迫っているのである。近藤は待ちきれなかった。ここは京都守護職の応援を待たずに、新選組だけで捜査を開始することにした。だが、過激派藩士の姿は容易に見つからなかった。

このとき、焼き討ちを計画していた藩士たちは、京都河原町にある長州藩邸で議論中であった。藩士たちのなかには、新選組に捕らわれた古高俊太郎を奪回しようという者もいた。しかし、自重すべきだという意見も出て議論はまとまらない。結局、夜、別の場所で再び会合を持つことになった。その場所に選ばれたのが池田屋という旅館であった。

敵は池田屋にあり

午後七時、過激派藩士を発見できなかった新選組は、八坂《やさか》神社前の祇園会所に集合した。ここで京都守護職の応援部隊五七〇名と合流するこ

鴨川
京都市東部を北から南へ流れる京都の代表的河川。京都下鴨神社付近で高野川と合流し（現在ここまでを賀茂川、これ以南を鴨川）、市内南部で桂川に流入する。

木屋町
京都市中京区に江戸時代から続く町名。鴨川の西、高瀬川の東岸にある。角倉了以による高瀬川開削に伴い、伏見からの材木・薪炭を搬入し販売する家並みがあったことが町名の由来である。

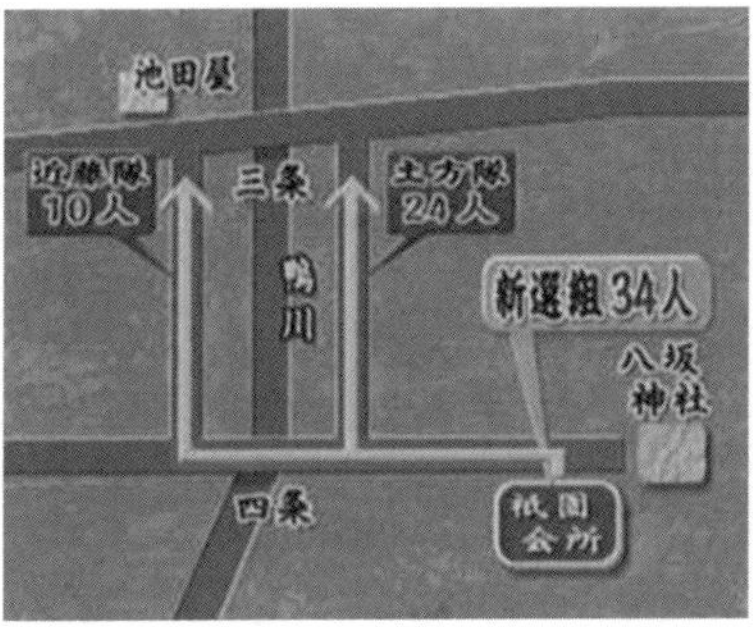

とになっていたのだが、一向に応援の現れる気配がない。業を煮やした近藤は、新選組三四人だけで出動した。

広い京都の地をわずかな人数で探索しなければならない近藤は、隊を二つに分けた。鴨川《かも》の東側を副長土方の隊二四名。西側を近藤の隊一〇名が担当した。二つの隊は四条から三条通りにかけて北上しながら捜査を行った。

土方隊は茶屋の密集する祇園を中心に探索した。土方は過激派藩士たちは茶屋に潜んでいる可能性が高いと睨んだのである。しかし、一人として発見することができなかった。

一方、近藤隊は旅館の多い木屋町を探索した。そして捜査を開始してから三時間、近藤隊はついに「長州藩士は池田屋にいる模様」という情報をつかんだ。

——運命の時、運命の瞬間が刻々と迫っているのに、京都守護職は動かなかった。

浅田　当時は、日本国という概念があまりない。国というのは、それぞれの藩が一つの国であったわけですよね。

――長州藩、薩摩藩……。

浅田　その藩のなかの会津藩が京都守護職を担当している。守護職は幕府の出先機関ですが、会津藩は一つの国なんですね。そうすると、どこかに過激派分子がいることがわかっていても、それが当時、京都に出入り禁止の長州藩だけなら別にいいかもしれないけれども、どの藩のどういう侍がいるかということがよくわからないから思うように動けない。

　つまり、これは同じ国対国の外交関係のようなものを考えてみると、どこの藩の者かわからない者をとっさに捕縛に向かうとか、刃傷沙汰《にんじょうざた》に及ぶというのは、やはりこれはとても会津藩としてはやりにくい、腰の引けることだったのじゃないでしょうか。

　ですから、できれば新選組のような、言ってみればアルバイトの浪士隊に先に行ってもらったほうが都合が良かったのでしょうね。

――最終的に責任は新選組にあるという形で進められたと。

池田屋騒動跡

旅籠
旅籠屋の略。江戸期には素泊まりを木賃、食事を旅籠と称した。

浅田　じゃあ、新選組にとってはどうだったかというと、近藤勇は確かにいらいらしたかもしれませんけれども、これは不思議な利害の一致がありまして。実は近藤勇・新選組にしてみれば、会津藩と一緒にこの取締り、大きな仕事をするよりも、実は自分たちだけでスタンドプレーをしたかったのではないかと思うのです。

――それから土方隊と近藤隊に分かれますが、三四名を二四対一〇にしたのはどうしてなのでしょうか。

浅田　実は私も長年考えていたことなのです。どう考えても鴨川の西岸に当たる木屋町界隈のほうが危険地帯であるんですよ。東岸のほうは祇園の町で、西岸のほうは旅籠《はたご》があるんですけれども、その当時起こっていた暗殺事件ですとかいろいろなごたごたは、木屋町界隈で起こっていることが非常に多いんです。木屋町というのは、いちばん最重要の危険地域であったはずなんですよ。にもかかわらず……。

――近藤勇一〇名は木屋町へ行くんですね。

浅田　これは反対でなければ本当はおかしい。そこにあえて近藤が木屋

再現・池田屋の二階

町のほうにたった一〇名で行ったというのは、何か深い意味があるのではないかと僕は思うのです。

――なんだと思いますか。

浅田　スタンドプレーじゃないでしょうか。このチャンスに新選組のステージというものをぐっと上げよう、あるいは天然理心流の剣名というものを轟かせようというような意識が、僕は近藤勇の中には働いていたと思うのです。

わずか四人で斬り込む

過激派藩士たちの集まる池田屋は、長州藩邸から三〇〇メートルほど南の三条通り沿いにあった。ここは長州藩士が在京中によく利用した宿で、なにかあればすぐに長州藩邸へ逃げ込めるようになっていた。

永倉の手記から推測すると、事件当日、長州藩士たち過激派がいたのは二階の奥の部屋であった。その人数は二〇名を超えていた。

午後一〇時、近藤は池田屋に到着。率いていた人数は一〇名。近藤は過激派藩士たちの逃亡を防ぐために、池田屋の周囲を囲むように部下たちを配置した。裏口に三名、表に三名、残りは四人となった。ここで近藤のとるべき道は二つ。

幕府の援軍五七〇名を待つか。

それともわずか四人で斬り込むか。

上洛してから一年余り、壬生浪と侮《あなど》られながらも、武士よりも武士らしくあろうとしてきた近藤率いる新選組にとって、この瞬間はまさに最高のお膳立てであった。

近藤は躊躇することなく斬り込みを選択した。元治元年（一八六四）六月五日、午後一〇時、歴史を変える一瞬、池田屋事件の勃発である。

突入に賭けた新選組隊士たちの思い

血風渦巻く池田屋

これまで池田屋に斬り込んだ隊士の人数は諸説あったが、今回発見された永倉の手記によってそれは明らかになった。斬り込んだのは近藤勇、沖田総司、永倉新八、藤堂平助の四名である。

いずれも江戸の道場で武士になる夢を抱き、剣の腕を磨いてきた仲間たちであった。ちなみに永倉は神道無念流、藤堂は北辰一刀流の使い手であったといわれる。

では、池田屋襲撃はどのような様子であったのか、永倉の手記をもとにして、その状況を追ってみよう。

突然、乱入した近藤ら四人の隊士に驚いた池田屋の主人は、二階にいる過激派藩士たちに急を知らせに走った。この主人の後を追って近藤は二階へと駆け上がる。二階には二〇名以上の多数の敵が抜刀《ばっとう》して待ち構えていた。近藤は叫んだ。

「御用改《ごようあらた》めでござる。手向かいいたすにおいては、容赦《ようしゃ》なく斬り捨てる」

その野太い声に呑まれ、過激派藩士たちの多くは、思わず後ずさりした。しかし、藩士の一人が果敢に近藤へ斬りかかった。だが、その時沖田が一瞬早く、その藩士を一刀《いっとう》のもとに斬り倒していた。

この状況を見た過激派藩士たちは浮足立った。強い、相手が強すぎると悟ったのであろう。藩士たちは池田屋の二階から、次々と中庭へ飛び下りて逃走しようとした。しかし、階下で太刀《たち》を向けて待ち構えていたのは、藤堂と永倉であった。

壮絶な死闘が二階と階下で繰り広げられた。二階は近藤と沖田、階下は藤堂と永倉の二手に分かれての戦いであったが、二階では沖田が戦闘中に結核の発作《ほっさ》を起こして離脱。そして階下でも藤堂が眉間《みけん》に敵の太刀

土方歳三

土方歳三資料館蔵

を受けて重傷を負って戦闘不能となった。

ぎりぎりの応戦

残ったのは近藤と永倉の二人だけである。近藤は形勢不利とみて一階に下りて永倉と二人で戦いを続けた。しかし、多勢に無勢である。二人は敵に囲まれ、三度も斬られそうになった。次第に二人は追い詰められていった。

だが、そのとき、一人の隊士が飛び込んできた。別働隊の土方であった。戦いは土方隊二四名が加勢に入ったことで、いっきに形勢は新選組に傾いた。

二時間に及んだ戦闘の結果、過激派藩士は死者七名、捕縛二〇数名を数えた。新選組では隊士一名の生命が失われた。頼みにしていた京都守護職の兵五七〇名が現場に到着したのは、すべてが終わった午前〇時のことであった。

池田屋襲撃の経過／新選組ＶＳ過激派藩士

元治元年（1864）6月5日

6月5日	午前7時	古高俊太郎の屋敷を探索。連行して拷問にかける。過激派藩士らによる京都御所焼き討ちなどの計画を聞き出す。 京都守護職へ応援を請う。
	午後0時過ぎ	応援部隊は夜8時到着の返答を受ける。 新選組単独で捜査を開始する。
	午後7時	八坂神社祇園会所前に集合するが応援部隊現れず。 新選組を近藤隊と土方隊の二手に分けて探索を再開する。 池田屋に過激派藩士が集合している情報をつかむ。
	午後10時	別働隊の到着を待たずに、近藤ら四名で池田屋へ斬り込む。 過激派藩士20数名と斬り合う。藤堂負傷。沖田喀血。近藤と永倉2人で闘う。 土方隊が到着する。
6月6日	午前0時	過激派藩士7名死亡。捕縛20数人。 新選組隊士1名死亡。 京都守護職570名の兵が到着。

――いくら新選組にとってビッグチャンスとはいえ、中に何人いるかわからない。しかも夜。四人だけで斬り込む。これはちょっと無謀じゃありませんか。

浅田　とにかく近藤勇にしてみれば、このチャンスをおいてほかにないという気持ちがあったような気がします。

それからもし万が一、ここで自分が倒されるようなことがあっても、新選組の有名は轟《とどろ》いて、土方がその後を継げばいいぐらいの覚悟はあったんじゃないかと思いますね。

それと、面白いのは、池田屋に飛び込んだその四人は、近藤がいちばん最初に江戸から連れてきた試衛館にいた四人であるということですね。つまり、もっと頼りになる部下というのはほかにもたくさんいたんでしょうけれども、あえていちばん最初のメンバーの生え抜きを連れていった。しかもさらに二階に駆け上がるのは道場主と師範代《しはんだい》ですね。これが近藤勇と沖田総司です。これはもうスタンドプレー中のスタンドプレーだと思うのです。

——この池田屋事件は、明治維新を早めた、あるいは遅めたという、いろいろな意見がありますが、浅田さんは、この池田屋事件をどのようにご覧になりますか。

浅田　私はむしろ早めたんじゃないかという気がするんですね。つまりこれによって、犠牲となった藩の過激分子が結束を固めたということもあるでしょうし、また新選組や京都守護職や幕府に対しても、敵対心がはっきりしたということもありますでしょうし。私はむしろそっちの効果のほうが大きかったんじゃないかという気がします。

——浅田さんが、新選組を非常に魅力ある集団だとおっしゃったのはコンプレックスの固まりでその人間臭さだとおっしゃった。もう一つあるとすれば、この池田屋はこれで大成功だったのですけれども、時に利あらず、時代が移っていきますね。そのときにも近藤勇たちは戦うわけですね。逃げなかったですね。これは新選組ファンにとってはたまらないのではないですか。

浅田　たまらないですね。とにかく近藤勇というのは、スタンドプレー

萩城
明治維新の震源地、長州藩の居城。指月山（山口県萩市）一帯に築かれたので指月城（しづきじょう）とも呼ばれる。現在は壮大な城地と石垣のみが残るが、維新回顧の史跡となっている。

蛤御門の変
禁門の変ともいう。一八六三年（文久三）八月一八日の政変で京都を追われた長州藩が、翌年の一八六四年（元治一）七月、兵をあ

ですとかコンプレックスですとか、ファンにしてみれば不適切だと思われる言葉を使っているような気もするのですけれど。僕は近藤勇が大好きで、とにかく格好いいんですよ。徹頭徹尾《てっとうてつび》自分の姿勢というのを押し通す。もうやはり幕府の捨てゴマとして扱われたということは確かだと思うのですよね。そんなことは、もちろん承知していながらも自分は舞台を降りない。捨てゴマ承知で土俵の上に踏みとどまっているという、こういうやはり近藤勇や新選組には格好良さがありますね。

　池田屋事件の知らせは、その八日後、長州藩の本拠地、山口の萩《はぎ》城へ伝えられた。若い藩士たちを惨殺された長州藩は、その復讐に燃えて七月一八日京都へと攻め上った。蛤御門《はまぐりごもん》の変である。これをきっかけに幕末の大動乱が始まった。

　一方、新選組は京都御所の焼き討ちを未然に防いだことで、朝廷から感謝状を授かり、その名声は天下に鳴り響いた。この感謝状には、新選組が過激派藩士たちを捕らえのは抜群《ばつぐん》の働きであったと記されていた。

つめ京に進撃、蛤御門周辺で会津・薩摩藩中心の兵と対決して敗れた戦い。

御家人
江戸時代、将軍直臣のうち将軍に拝謁する資格のない御目見（おめみえ）以下の武士を指す。

池田屋事件で手柄を立てた新選組は、念願であった武士の身分に取り立てられ、近藤は将軍に拝謁《はいえつ》できる旗本、土方や永倉たちは御家人《ごけにん》として正式に武士の身分となった。

霊山歴史館蔵

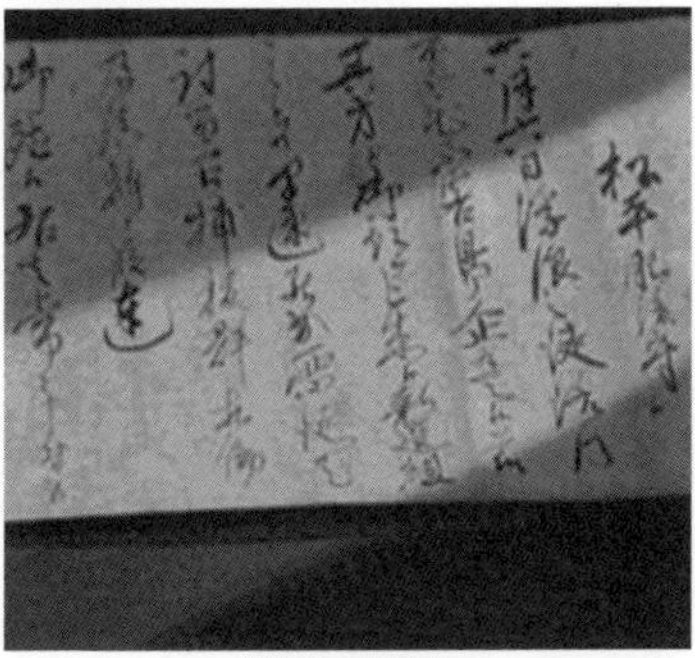

朝廷の感謝状

伊東甲子太郎（一八三五～一八六七）水戸で神道無念流と水戸学を学んだ後、江戸で北辰一刀流の道場に入門。道場主の娘と婚姻し、継承者となる。この道場に藤堂平助が学び、後、伊東は参謀役として新選組に参加。一八六七年（慶応三）複数の同士と新選組を離脱するが、襲撃をうけて死亡。

新時代・大逆を犯した罪人となる

いちやく、時の人となった近藤は、さらに新選組の屋台骨を強化しようと、江戸の剣豪伊東甲子太郎《かしたろう》や浪人など五〇数名を新たに隊士として加え、慶応元年（一八六五）夏、職制を改めた。近藤は総長となり、土方が副長に、伊東が参謀、沖田、永倉、藤堂、井上、原田ら一〇名がそれぞれ組長を名のった。

また組織の拡大によって壬生の屯所が手狭となったことから、西本願寺内の集会所に本拠を移し、さらに堀川通り東の不動村に豪勢な本陣を構えるまでになった。身なりも豪奢《ごうしゃ》なものとなり、まるで小藩の大名のようであったという。

しかし、夢の時間はそう長くは続かなかった。長州藩を中心に天皇を担ぐ官軍が誕生するや、新選組の頼みとした幕府は一転して賊《ぞく》軍に追いやられてしまったのである。

近藤は最後まで幕府の武士として各地を転戦して戦い続けたが、明治元年／慶応四年（一八六八）、長州藩に捕らえられ、四月二五日斬首された。三五歳であった。

池田屋に突入したその他の隊士たちも、多くは悲惨な末路を辿《たど》った。負傷を負った藤堂は、事件の三年後に洛中で暗殺された。享年二四歳。池田屋の二階で喀血《かっけつ》した沖田は、その後、肺結核が悪化し、二七歳で病死した。近藤の窮地《きゅうち》を救った土方は、明治維新後も北海道に渡って戦い続けたが、明治二年、ついに銃弾に倒れた。享年三五歳。

ゆいいつ、天寿を全うしたのが、手記を残した永倉である。永倉は七七歳まで生き続け、新選組隊士たちのことを語り継いだ。手記の題名のとおり、『浪士文久報国記事（浪人であっても、国に報《むく》いた）』、その誇りを抱き続けて彼らは死んでいったのである。

担当ディレクターの取材ノート

裏・池田屋事件～長州藩・吉田松陰の弔い合戦

NHK大阪放送局文化部
田畑壮一

吉田松陰に端を発する京都テロ計画

今回の番組では、当初、池田屋事件の当事者である、新選組、そして、長州藩の両面から描こうと考えていた。しかし、結果的に、時間がとても入りきらず、実際には、長州側の撮影も一部行っていたものの、割愛する事になった。ここでは、放送の代わりに、あまり語られる事の無い、長州側からの池田屋事件を書いてみたい。

長州の過激派藩士たちが計画していた、御所の焼き打ちは、一見、突発的で物騒な事件に見える。

しかし、実は、京都のテロ計画には前例があった。そのテロの先駆となったのが、驚くかもしれないが、幕末の思想家として知られる、あの吉田松陰なのである。

「クーボール砲三門、百目玉筒五門、三貫目鉄空弾二十、百目鉄玉百、合薬五貫目貸上の事」（古川薫著、『松下村塾』新潮選書）

これは、吉田松陰が藩に提出した願書。テロの武器を藩に貸してくれるよう、願い出たものである。クーボール砲とは、軽便な速射砲の一種。それを含めて、八門もの大砲を貸してくれと言っている。目的は、開国政策を進める幕府老中、間部《まなべ》詮勝《あきかつ》の暗殺であった。安政五年、池田屋事件にいたる六年前の事である。

松陰は、通常穏やかな人物として知られているが、正しいと思った事には、馬鹿正直なほど、一直線になってしまう人物であった。人一倍海外事情に詳しく、日本近辺のアジア各国が、諸外国に植民地化されている事を知っていた松陰にとっては、当時、幕府が諸外国に威嚇《いかく》されて、次々に行っていた不平等な貿易条約調印は、自殺行為にも等しかった。

このまま幕府の開国政策が継続されれば、日本が植民地化されてしまう可能性が高いと考えていたのである。

堂々と藩に暗殺の願書を出した松陰に、藩は仰天し、これを拒絶。門下生である高杉晋作や桂小五郎も、あまりに過激な師の行動を押しとどめたほどであった。

この計画は結局なされなかったのであるが、その後、幕府に別件で松陰が尋問を受けた際、松陰はまた、自分の計画をあけすけにばらしてしまう。

これがもとで、松陰は処刑される事になったのである。

松陰の遺志を継いだ吉田稔麿《としまろ》

この松陰のテロ計画を引き継ぐ形となったのが、松下村塾の門下生の吉田稔麿一人であった。高杉晋作、久坂玄瑞《げんずい》と並んで、松陰が期待する三人の一人であった。

稔麿は、萩の足軽の家に生まれた、武士の中でも最下層に位置する下級藩士であった。一六歳の頃、近くにあった吉田松陰の塾、松下村塾に入塾。

今残っている吉田稔麿生家跡から松下村塾まで歩いても、五分という距離である。稔麿は、自分のような下級武士や農民まで、分け隔てする事なく熱心に教える松陰の人柄に引かれ、足繁《あしげ》く通って勉学に励み、吉田松陰が最も頼りにする人物の一人となった。

師を殺された稔麿は、その後、万延元年（一八六〇）脱藩して江戸に向かい、幕府旗本の用人となるという奇妙な行動を取っている。稔麿は、幕府を倒すのではなく、幕府の中に入って、日本をよい方向に導こうとしていたのであった。その気持ちは、新選組の隊士たちと同じと言える。

しかし、長州藩を快く思わない幕府が、長州藩を京都から追い出すに及び、稔麿は長州藩に帰藩。幕府に対する反対行動を起こす事になる。

長州藩全体が、この事件によって京都に進軍し、勢力回復を謀ろうとしていた。稔麿は京都に潜入し、テロを起こして、幕府勢力にゆさぶりをかけようとしていた。

長州藩に見捨てられた吉田の最期

吉田が京都入りしたのは、池田屋事件の一か月前。松陰の親友であった肥後藩の藩士、宮部鼎三と合流して、テロの準備を進めていた。

しかし、六月五日の早朝、協力者であった古高俊太郎が新選組に捕らえられ、一気に事態が動き出す。

長州藩士たちは長州藩邸に集い、留守居役の桂小五郎や、乃美織江らに相談を持ちかけた。当時、話された対策が残されているが、若き藩士たちは、古高俊太郎を救うために今すぐ新選組の屯所を襲撃し、そこを端緒に京都を焼き打ちしようとはやった。

しかし、藩の正式な外交官として京都に赴任している桂や乃美らは、今うかつに動いては、藩のためにもならないととどめる。議論は白熱し、夜、再び会議がもたれる事となった。

当時の藩邸というのは、今で言う外国大使館のようなもので、幕府が手出しできない一種の治外法権下にあった。塀の中は長州藩の領土と同じであり、幕府も中までは入れなかったのである。

つまり、中に入ったままなら安全であった。

しかし、議論が白熱したために、議論の場は外の池田屋に移される事になってしまった。もしも吉田ら若手藩士たちが古高を救おうとしなければ、池田屋で再び会議がもたれる事はなく、事件も起きなかったのである。

そのお目付役として、藩の留守居役である桂小五郎が同席する事になっていた。

桂は約束通り池田屋には顔を出すが、それは吉田らが集まり始めた八時前であった。よく、桂小五郎が事件の最中に逃げたと言われるが、それは逸話で、本人の証言では、実際には顔を出して、まだ来ていなかったので一旦退出した。その間に事件が起きたと述べている。

藩の重職である桂にとっては、下級藩士たちにいちいちつきあっていられないので、いいわけ程度に会合が始まる前に顔だけ出した、という事だったのであろう。

新選組の襲撃を受けた吉田稔麿は、池田屋から逃走する。そして、数百メートル先の長州藩邸に逃げ込もうとするのだが、扉を開き藩士たちを匿ってしまう事は、幕府と長州藩との全面戦争を生むことにもなりかねなかった。

藩自体の存亡が危うくなると考えた乃美織江らは、固く門を閉ざして開けなかった。追っ手の迫る中、藩邸に入れなかった吉田は、結局自害する。

翌朝、門の前には吉田の遺骸が横たわっていたという。

亡き師の遺志を継ぎ、日本を外国勢力から守るため、幕府を倒そうとしていた吉田稔麿たち。一方、あくまで幕府に協力し、同じく日本を守ろうとしていた新選組の隊士たち。

ともに身分は低く、同じ「国を守りたい」と考えていたきまじめな若者たちが、様々な偶然により、あの狭い旅館池田屋で鉢合わせしてしまった。

それが幕末の分岐点、池田屋事件の実像なのである。

新選組関連年表

1861年(文久1)	8/27	近藤勇、天然理心流4代目となる
1863年(文久3)	2/8	近藤勇ら幕府浪士組、京都へ出発
	2/23	幕府浪士組、京都壬生村に分宿
	3/3	浪士組、東下の命出る
	3/10	近藤勇、芹沢鴨ら、京都守護職・会津藩主松平容保に嘆願書提出
	3/12	近藤ら、会津藩お預かりになり、壬生浪士組を名のる
	8/18	八月一八日の政変（政変以降、新選組の命名下る）
	9/18	芹沢鴨・平山五郎、土方歳三らに暗殺される
1864年(元治1)	6/5	池田屋事件
	7/19	蛤御門の変（禁門の変）
1867年(慶応3)	6/10	新選組、幕臣取り立て決定
	10/14	大政奉還
	11/14	坂本龍馬暗殺され新選組に疑いかかる
	12/9	王政復古の大号令
1868年(慶応4/明治1)		
	1/3	鳥羽・伏見の戦い
	3月	永倉新八・原田左之助、靖共隊《せいきょうたい》を結成、新選組脱退
	4/5	近藤勇、新政府軍に投降
	4/11	土方歳三、市川鴻の台の旧幕府軍に参加 新政府軍、江戸城接収
	4/25	近藤勇、処刑される
	5/30	沖田総司、肺結核で亡くなる
	10/26	旧幕府軍、五稜郭に入城
	12/22	土方歳三、箱館政府の陸軍奉行並となる
1869年(明治2)	5/11	土方歳三、箱館で戦死

【専門家・作家による参考文献案内】

山村竜也

『新選組戦場日記』

木村幸比古／ＰＨＰ研究所

副題に「永倉新八『浪士文久報国記事』を読む」とあるように、新選組副長助勤の永倉が維新後に著した手記『浪士文久報国記事』を解読、解説した書である。この手記は、存在だけは研究者の間で知られていたが、長い間、その所在が不明となっていた、いわば幻の手記だった。それが平成九年になって、大阪の古美術商多田敏捷《としかつ》氏によって発見され、翌年活字本として刊行されたものである。新選組の通史というよりは断片的な記事が多く、また成立年代が特定できないなどの問題点もあるが、永倉の直筆記録という魅力は、ほかの何にも代えがたい。なお、出版にあたっての書名は、永倉自身が本文中で、この手記について「戦場日記ト知ルベシ」と書いていることに由来するものである。

『新撰組顛末記』

永倉新八／新人物往来社

新選組副長助勤の永倉新八が維新後に著した回想録。小樽新聞の取材に応えた永倉の談話が、「永倉新八」と題する読み物として、大正二年三月一七日から六月一一日まで七〇回にわたって同紙上に連載されたものが初出である。これは昭和二年の永倉の一三回忌のさい、息子の杉村義《よし》太郎《たろう》の手で『新撰組永倉新八』として一冊にまとめられ、親戚や知人に配布された。昭和四六年には新人物往来社から『新撰組顛末記』の書名で復刻刊行され、現在も版を重ねるロングセラーとなっている。内容的には新聞記者の手がかなり入っているため、永倉の談話そのものとはいえないのが残念だが、新選組の調査研究には決して欠かすことのできない一書である。

『新選組始末記』

子母沢寛／角川文庫ほか

作家子母沢寛が昭和三年に初版を著した新選組の伝記。新選組に関する史料や語り残しが丹念に収集され、彼らの誕生から終焉までがいきいきとした筆致で描かれている。子母沢はその後、同四年に『新選組遺聞』、同七年に『新選組物語』を書き上げ、いわゆる新選組三部作を完成させた。なかでも『新選組遺聞』では、新選組が屯所にしていた京都壬生村の八木家の為三郎老人に取材が行われており、ほかでは聞くことのできない貴重な談話が収録されている。なお、これら三部作は現在でも個別に入手できるが、三作を子母沢自身の手で合本改訂した決定版の『新選組始末記』も存在する。そのため現在では、『始末記』といえば合本のほうをさすことも多い。

(やまむら たつや／新選組研究家／著書『新選組剣客伝』、『完全制覇　新選組』、『目からウロコの幕末維新』ほか)

その他関連参考文献

『新選組日誌（上・下）』（新人物往来社）、『新選組大事典』（新人物往来社）、『歴史群像シリーズ　新選組』（学研）、『歴史群像シリーズ　土方歳三』（学研）ほか。

私の歴史時間（一）

現場のちから

NHK「その時歴史が動いた」キャスター

松平定知

今からもう七年も前の話である。私はその日、NHKスペシャル『テクノパワー』の取材で、ローマのアッピア街道に立っていた。それは街道と呼ぶには余りにも短いものだったが、その短い石畳の、何度も補修が繰り返されたことを示す、ところどころ色が違う石の中に、私は馬車の轍《わだち》を発見した。そのかみ、ここをシーザーが走った、クレオパトラが通った。すべての道はローマに通ず――思わずしゃがみこんで、その轍をさすりながら、私は、二〇〇〇年前の往時のローマの街角の、激しい馬車の行き交いを思った。

その三日後。ポン・デュ・ガール水道橋。この巨大な橋は、深い木立の中、清冽《せいれつ》なガルドン川の流れの上に、古い石独特の、薄い金赤色の肌を、南仏の燦燦《さんさん》たる陽光に輝かせていた。私はこの巨大な石の水道橋に落書きを見つけた。人名が二つ、彫られていた。日本でいう相合傘の態のその落書きの横には、その落書き当日のものと思われる「一八一六」という数字が添えられてあった。私は卒然、セントヘレナのナポレオンの身の上を思った。

これはつい最近のこと。鹿児島市・南九州中央病院。その壁につけられたたくさんの弾痕《だんこん》に私は息をのむ。城山近くのこの場所で、西郷隆盛の私学生たちは銃弾を受け、次々と死んでいった。弾痕のひとつに耳をあてると、私には隆盛の慟哭《どうこく》が聞こえたような気がした。

新番組「その時歴史が動いた」の制作発表記者会見の時、私は『三つの徹底』と言った。徹底した現場主義・徹底した実証主義・徹底した専門家主義の三つである。

二番目の実証主義はテレビでものを言う時は一つ一つの証拠を積みあげて言う、ということ。番組で嘘をつかないことは勿論だが、曖昧なことも一切言わない。ウケ狙いで、不確実なものを不確実なまま、想像でものを言わない、ということであるし、三番目の専門家主義とは、取り上げた人物(事象)について、日常、調査研究を進めていらっしゃる、誰もが納得する専門家に解説をお願いする、ということ。にぎやかしで、全く(そのことに)関係のないタレントさんの個人的かかわりの開陳はご遠慮願うということである。

そして一番目。『徹底した現場主義』。これは、この拙稿の前半に書いたように、現場に立つと、私の前にシーザーやナポレオンや隆盛は確かに居たのだと実感できるということ。いや、たとえ「そこ」が長い歳月の間に時代の波に呑みこまれてすっかり変わり果ててしまっていたとしても、そこがかけがいのない『現場』であることに変わりはないということなのだ。「そこ」に往時を偲《しの》ぶよすががあってもなくても、その『現場』の歴史の延長線上に確かにいま立って居るのだという感覚こそが、その思いを伝え、共感を誘う力となる。スタジオの机の上だけでこねくり回すのではない、教科書や書物の中だけのではない『歴史』を、今後もわくわくしながら伝えて行きたいと思う。

本書は、NHK総合テレビが、平成一二年度放送中の「その時歴史が動いた」をもとに、エディットの編集により、KTC中央出版が新たにまとめたものです。

収録番組
運命の一瞬、東郷ターン
（平成12年3月29日放送）
世紀の対決、沢村対ベーブ・ルース
（平成12年4月5日放送）
天下分け目の天王山
（平成12年4月12日放送）
幕末のプリンセス、日本を救う
（平成12年4月19日放送）
新選組参上！
（平成12年4月26日放送）

NHK「その時歴史が動いた」制作スタッフ
チーフプロデューサー
辻泰明
デスク　長野真一
ディレクター　藤波重成、黒田尚彦、濵崎憲一、原敏記、田畑壮一
キャスター　松平定知
リポーター　小田切千、中條誠子、中川緑
共同制作　㈱NHKきんきメディアプラン

協力者
野村實、山口千万石、牧野直隆、藤田達生、山村竜也、清水隆、田畑みなお、篠原亨、橋本春彦、多田敏捷

協力機関
東郷神社、英国海運資料館、防衛研究所、（財）三笠保存会、盛岡タイムス社、草薙球場、（財）野球体育博物館、外務省外交資料館、（株）ベースボールマガジン社、AP／WWP、読売新聞社、東京読売巨人軍、光福寺、本徳寺、岡山県総合文化センター、姫路城管理事務所、（財）宇野茶道美術館、碧雲寺、竹田市教育委員会、龍徳寺、大阪カテドラル聖マリア大聖堂カトリック玉造教会、（財）堂本印象記念近代美術振興財団、大阪城天守閣、東京大学史料編纂所、建勲神社、梅林寺、大隣寺、二本松市教育委員会、（財）日本浮世絵博物館、中山道ミニ博物館、東京都江戸東京博物館、増上寺、（財）黒船館、（財）岩倉公旧跡保存会、宮内庁書陵部、上毛新聞社、大垣市商工観光課、明治神宮聖徳記念絵画館、がす資料館、白虎隊記念館、土方蔵三資料館、小島資料館、赤穂市立歴史博物館、金戒光明寺、萩市郷土博物館、霊山歴史館、八木邸、月形樺戸博物館、（株）文殊社、京都市文化市民局元離宮二条城事務所

CG制作（運命の一瞬、東郷ターン）
株式会社バスプラスワン・池添敦彦、木村太郎、中島宏幸

〈出版関係〉

参考図書

国史大辞典（吉川弘文館）
戦国人名事典（吉川弘文館）
岩波日本史辞典（岩波書店）
日本史年表（岩波書店）
年表日本歴史（筑摩書房）
日本史年表（河出書房新社）
新世紀百科事典（学習研究社）
日本大百科全書（小学館）
日本の歴史（小学館）
角川日本地名大辞典（角川書店）
日本歴史地名大系（平凡社）
新潮日本人名事典（新潮社）
日本史広辞典（山川出版社）
日本語大辞典（講談社）
大辞林（三省堂）
日本の名城・古城辞典（TBSブリタニカ）
スポーツの20世紀（ベースボール・マガジン社）
大リーグ雑学ノート（ダイヤモンド社）
新選組研究最新前線（新人物往来社）
別冊歴史　戦国時代考証総覧（新人物往来社）
ほか。

その時歴史が動いた 1

2000年9月13日　初版第1刷発行
2008年10月10日　初版第7刷発行

編　者　NHK取材班
発行人　前田哲次
発行所　KTC中央出版
〒111-0051
東京都台東区蔵前2-14-14
TEL.03-6699-1064
編　集　株式会社　エディット
〒451-0046
名古屋市西区牛島町2-10
TEL.052-586-0631㈹
印　刷　図書印刷株式会社

ISBN978-4-87758-187-9 C0321

信長 徹底分析十七章

NHK歴史番組でおなじみの著者が、史料の新解釈によって信長をわかりやすく分析。

小和田哲男

新選組は京都で何をしていたか

池田屋事件などの有名なものから身内の暗殺や処刑までをとりあげた、在京五年間の新選組血刃の記録。

伊東成郎

カウラの風

一九四四年八月五日早朝、オーストラリアのカウラ収容所から日本兵捕虜が集団脱走を図った。そして、二三一人のいのちが散った……。日本の歴史教科書には登場しない「カウラ事件」の真相。

土屋康夫